CW01649540

PARIS,
CAPITALE DU CRIME

Frédéric Diefenthal
&
Paul-Henri Moinet

PARIS,
CAPITALE DU CRIME

Michel LAFON

Tous droits de traduction, d'adaptation
et de reproduction réservés pour tous pays.

© Éditions Michel Lafon, 2013
7-13, boulevard Paul-Émile-Victor – Île de la Jatte
92521 Neuilly-sur-Seine cedex

www.michel-lafon.com

– INTRODUCTION –

« Il serait normal que
les assassins signalent les crimes.
Après tout, ils sont les premiers informés. »

De Michel Audiard à Cesare Beccaria, les meilleurs esprits se sont penchés sur le crime. Des policiers, des criminologues, des psychiatres, des statisticiens, des profileurs, des juges d'instruction, des avocats, des juristes, des philosophes, des sociologues, des écrivains comme Victor Hugo jusqu'à James Ellroy l'ont analysé, pesé, disséqué, autopsié. Tous ont essayé de lui arracher ou de lui rendre sa part d'ombre, de mystère, de folie, mais aussi de bassesse, de médiocrité, de banalité. Car le crime nous regarde, parfois on dirait qu'il nous observe avec un petit sourire de dédain et de satisfaction. Peut-être même nous juge-t-il.

Le crime, on peut l'imputer à chacun, à n'importe qui, à monsieur Tout-le-Monde comme au Docteur No. Et son jugement doit se faire avec rigueur et mesure. Le bon Cesare Beccaria, docteur en droit de l'université de Pavie, mort la même année que Robespierre mais, lui, dans sa ville de Milan, le savait bien :

« Tout homme est présumé innocent jusqu'à ce qu'il soit déclaré coupable ; s'il est jugé indispensable de l'arrêter, toute rigueur qui ne sera pas nécessaire pour s'assurer de sa personne doit être sévèrement réprimée par la loi. »

Dans les villes, les crimes tracent des chemins de sang, sinueux, secrets, imprévisibles, qui ne figurent sur aucun plan. Ils dessinent la carte de nos peurs, de nos fantasmes, de nos angoisses. De nos prisons, de nos places aux supplices, de nos palais de justice aussi.

Il court, il court le furet, le furet du crime joli, il est passé par ici, il repassera par là, le furet est bien caché, pourras-tu le retrouver ? Dans quelle rue, quel quartier, quel boulevard, devant quelle maison va-t-il déposer son anneau de sang ? La question contenue dans la ritournelle populaire ne s'adresse pas qu'à la police, mais à chacun de nous. Pourquoi sommes-nous attirés par le goût du sang et de la mort ? Pourquoi aimons-nous l'éclat des supplices, le silence du bourreau, les cris de peur ou de haine, les anathèmes et les malédictions de ceux qui montent à l'échafaud ?

Les étrangleurs, les surineurs, les sabreurs, les flingueurs, les égorgeurs, les empoisonneurs, les cannibales, les Apaches, les crapules, les vampires, les terroristes, les nécrophiles, les infanticides, les parricides, les imposteurs, les grands truands, les petits mafieux, les exaltés, les enfants perdus de la révolution, les voyous de grand chemin, les bandits au grand cœur, les cyniques révoltés, les insurgés naïfs, les prédateurs mythomanes ou pervers, les salopes magnifiques, qu'ils ou elles travaillent en solo, en couple, en famille ou en bande, eux ou elles que le capitaine Haddock traiterait de pirates, d'enragés, de bachi-bouzouks, de Zapotèques, de tonnerre de Brest, de Ku Klux Klan ou d'hurluberlus, tous ces criminels, tuant au kilo ou à l'unité, donnent, autant qu'ils sont dans leur diversité, leur complexité, leur misère et leur quart d'heure de gloire, la température de notre humanité qui est loin d'être cette norme universellement respectée, censée nous distinguer des sauvages et des fauves, des barbares et des monstres.

« Il ne faut jamais sous-estimer la saloperie humaine », répète à qui veut l'entendre Jean Bouise, l'inspecteur Boulard dans *Dupont Lajoie*, le film d'Yves Boisset. J'ajouterais : la saloperie humaine et ses innombrables avatars.

À force de manger du crime dans les journaux, à la télévision, sur tous nos écrans, on finirait presque par oublier le long cortège de deuils et de souffrances qui le suit. Souffrances des victimes qui en meurent, des proches qui les pleurent, des assassins qui perdent la tête sous la guillotine ou la raison en prison. La fiction pourrait nous en consoler mais on y tue encore plus que dans la réalité, même si c'est nettement moins douloureux.

Un journaliste du second Empire s'est amusé à recenser le nombre de fois où les grands acteurs sont morts assassinés, boulevard du Temple dit « boulevard du Crime », dans ses nombreux théâtres où le rideau rouge s'ouvrait sur des mares de sang : un certain Tautin, poignardé 16 302 fois, détenait le record à l'époque.

Paris, capitale du crime

« Paris est tout petit pour ceux qui s'aiment d'un aussi grand amour », disait Garance-Arletty dans les *Enfants du Paradis.* Paris est immense pour les criminels. Le nombre de meurtres en tout genre le prouve : nous ne sommes pas des enfants du paradis.

Paul-Henri MOINET

Mes rôles de flic, au cinéma et à la télévision, m'ont fait découvrir la face sombre de Paris : Cartouche, le brigand magnifique, m'a initié à ses repaires secrets. Paris, je l'ai rêvé et aimé et il m'a fait vibrer. Paris avec ses quatre cents coups, Paris à bout de souffle, Paris où le cave se rebiffe mais ne le dit à personne au 36, quai des Orfèvres, Paris et son dernier métro, Paris et ses enfants terribles et du paradis…

J'ai vécu aussi ses changements et ses ruptures avec Zola. Aujourd'hui, avec Paul-Henri, j'en raconte les chroniques criminelles qui apportent un éclairage différent sur la Ville Lumière… et sa part d'ombre.

Frédéric DIEFENTHAL

1er ARRONDISSEMENT

BRUNO

CHOLET

Bruno Cholet

Nuit tragique à La Scala

4 h 30 du matin. Paris s'éveille à peine.

Nous sommes le 19 avril 2008, rue de Rivoli, entre le Louvre et les Tuileries, dans le Ier arrondissement. Susanna Zetterberg, une jeune Suédoise de dix-neuf ans, sort de La Scala, la boîte de nuit culte des années 1980. Sous les arcades, tout est silencieux.

Il est 5 heures, Paris s'éveille… « Les travestis vont se raser, / Les strip-teaseuses sont rhabillées (…) Les banlieusards sont dans les gares, / À La Villette on tranche le lard… » On connaît tous la chanson de Dutronc pour l'avoir fredonnée au petit jour.

Ce matin-là, pour Susanna, la chanson va mal tourner. Croyant monter dans un taxi pour rentrer chez elle et s'endormir remplie du bonheur de sa soirée, elle est embarquée par son assassin.

La rue de Rivoli au nom si clair, limpide comme la victoire de Bonaparte sur les Autrichiens en 1797, est désormais maculée de sang et souillée par l'horreur.

Une horreur que, depuis l'affaire Zetterberg-Cholet, les chauffeurs de taxi parisiens, les familles suédoises et toutes les étudiantes du programme Erasmus ont bien du mal à oublier.

*
**

Ce petit matin d'avril, deux jours avant l'éclosion du printemps, un monospace blanc aux vitres teintées emporte la jeune Suédoise. Susanna est une fille gaie, toute simple, peut-être amoureuse, heureuse de vivre à Paris où elle s'est installée depuis un an pour parfaire son français à la Sorbonne.

Au procès de Bruno Cholet, son assassin, ses parents parleront d'elle comme d'une jeune fille extrêmement joyeuse, un tourbillon, toujours entourée et attentive aux autres.

À La Scala, elle a prévenu ses copines qu'elle se sentait fatiguée et qu'elle voulait rentrer. Elle ignore que la voiture qui vient de la « charger », comme on dit dans le langage des professionnels, est un taxi clandestin.

Peut-être, justement, est-ce cet excès de confiance qu'elle a dans les autres et dans la vie qui la fait monter dans la voiture sans se poser de questions ? Mais après tout, pourquoi devrait-elle s'inquiéter en prenant le taxi ? Tout de même, la fatigue n'a pas émoussé ses sens : « Le chauffeur est bizarre… » chuchote-t-elle à une amie au téléphone, de l'intérieur du véhicule. Trop tard, elle est prise au piège. Ce seront ses dernières paroles.

Huit heures plus tard, on la retrouve en bordure d'un chemin de la forêt de Chantilly, morte, menottée dans le dos, le corps en partie brûlé au niveau du bassin, ce qui ne permettra pas de déterminer s'il y a eu agression sexuelle. On lui a tiré quatre balles dans la tête et son thorax présente une large blessure causée vraisemblablement par une arme blanche.

Les policiers parviendront à remonter jusqu'à Bruno Cholet grâce au fichier des personnes condamnées pour exercice illégal du métier de taxi. Il s'était déjà fait prendre à plusieurs reprises à ce petit jeu. Quarante enquêteurs de la Police judiciaire croiseront leurs fichiers de criminels avec un listing de cinquante taxis clandestins et permettront ainsi d'identifier l'assassin. Ensuite, ce ne seront pas les preuves qui manqueront pour confondre le dangereux pervers. Il les aura toutes sur lui. Comme autant de trophées.

***

Cruelle ironie de l'histoire : c'est à Épernay, la ville du champagne, symbole de la fête, de la légèreté et de la vie insouciante, que Bruno Cholet est né en 1957.

Son père biologique, qu'il n'a jamais connu, était un truand espagnol, fils d'une prostituée. Sa mère, aide-soignante dans une clinique privée, n'a pas le temps de s'occuper de lui et le place très tôt en foyer pour pouvoir continuer à travailler.

Elle le récupère à six ans, pensant l'élever avec son nouveau compagnon dont elle vient d'avoir un enfant, mais il est déjà très tard pour parvenir à l'éduquer, et il semble que le petit Bruno souffre de problèmes psychologiques. Sans attendre, elle le renvoie dans un institut médico-pédagogique de Senlis pour déficients mentaux. Enfant ballotté il est, enfant ballotté il sera.

Désormais, sa sphère familiale se résume à des placements successifs chez des nourrices et des passages en foyers d'accueil. « Sans toucher, sans regard, sans paroles… », dira une experte psychologue. Une enfance morte, sans amour.

Même si, comme l'a répété l'avocat général lors du procès, « il n'existe pas de fatalité du crime », on ne peut s'empêcher de penser que si la société voulait se fabriquer des assassins, elle ne s'y prendrait pas autrement…

Les médecins qui le suivent le jugent instable et impulsif. L'enfant vogue au gré de ses humeurs et de ses coups de tête. Il dira plus tard que les meilleurs souvenirs de son enfance furent ses fugues, même s'il connut des mésaventures. Ainsi qu'il le racontera à la barre de la cour d'assises, il a été violé à treize ans. Sale rencontre avec trois mauvais garçons. Bruno Cholet n'est jamais à court de révélations : à son procès de 1989, il affirmera qu'il a été mis sous camisole de force à l'âge de cinq ans. Réalité ou mythomanie ? Avec lui, personne ne sait. Le sait-il lui-même ? On dirait que le mensonge est son oxygène, sa sortie de secours, il lui permet de se tirer de toutes les situations.

« Affection zéro, compréhension zéro, dialogue triple zéro, mais je n'en veux pas à mes parents », déclare-t-il pour résumer son enfance et son cas pathologique. Sans doute eût-il mieux valu pour ses futures victimes qu'il leur en veuille un peu plus.

L'adolescence marque le début de la descente aux enfers : à quatorze ans, il se prostitue dans les quartiers de Montparnasse et de Saint-Germain-des-Prés. C'est le traumatisme du viol qui l'a conduit là, observe-t-il sans insister davantage. Visiblement, il n'aime pas parler de ses aventures homosexuelles.

À quinze ans, il est condamné à de la prison ferme pour vol à main armée. À dix-neuf ans, les choses sérieuses commencent : six ans de prison pour l'enlèvement et le viol d'une jeune femme à Senlis. Cette fois, il avait deux complices et ils ont eu tous trois « l'infinie bonté » de raccompagner ensuite la victime chez elle.

Libéré en 1981, il se fait oublier et exerce une série de petits boulots : coiffeur, électricien, manutentionnaire, chauffeur. Mais les vieux démons se rappellent à lui. En 1983, il viole, ligote et abandonne une jeune auto-stoppeuse dans la forêt de Rambouillet. Et dans une rue de Senlis, il enlève une fillette de douze ans qu'il emmène elle aussi en forêt pour la violer à plusieurs reprises. Les sévices qu'il lui impose sont tels qu'elle fait une hémorragie et qu'il panique. Il va la déposer devant l'hôpital d'Eaubonne avant de prendre la fuite. Le rapprochement des deux agressions permettra son arrestation. Bruno Cholet reconnaît les faits et la justice le condamne à dix-huit ans de réclusion criminelle. Il en fera quinze.

Il recouvre la liberté en 1999 avant de retourner en prison pour divers vols et braquages. Toute sa vie sera rythmée par ces allers-retours.

Il n'était libre que depuis six mois lorsque la jeune Susanna a croisé sa route…

***

Quatre jours après la découverte du corps de Susanna, les policiers pistent Cholet et le voient déterrer quelque chose à l'orée du bois de Boulogne, avant de repartir vers Paris. Il est arrêté peu après et sa voiture fouillée. Pour les policiers qui ont traqué le moindre indice autour du corps sans vie de Susanna, le coffre du monospace blanc va s'apparenter à la caverne d'Ali Baba. Version gore, évidemment. Devant le monstre, la gravité s'impose, mais ils ont du mal à cacher leur satisfaction : tous viennent de comprendre que l'enquête sur le meurtre de la jeune Suédoise de La Scala est terminée. Ils tiennent le coupable.

Durant les deux semaines de procès, Bruno Cholet nie les faits alors que des éléments matériels l'accablent : dans le coffre de sa voiture, les policiers ont découvert des gants en latex, des cartouches, des paires de menottes du même modèle que celles qui entravaient les poignets de Susanna et, surtout, l'arme du crime, un pistolet de calibre 22 avec l'ADN de l'assassin et celui de sa victime. Cerise sur le gâteau : ils ont trouvé un petit sac en plastique sur lequel est inscrit « Susanna 377 »… 377 étant vraisemblablement un point géographique dans la forêt.

Preuve supplémentaire, s'il en fallait, la vidéosurveillance d'un distributeur automatique de Senlis – ville de prédilection de Cholet – a enregistré l'image d'un homme qui lui ressemble trait pour trait alors qu'il est en train de retirer de l'argent avec la carte de crédit de Susanna quelques heures après sa disparition. Comment osera-t-il réfuter de telles preuves ?

Il en faut plus pour arrêter ce mythomane pervers qui continue de nier l'évidence. Il ira même jusqu'à affirmer que toute cette histoire est un coup monté par la police qui a fabriqué des preuves contre lui. « Elle veut se venger parce que j'ai refusé d'être leur indicateur », prétend-il.

Les parents de la victime, présents dans le tribunal, ne sont pas épargnés par son cynisme : « Je suis innocent, je n'ai jamais croisé votre fille et je ne l'ai pas tuée », clame-t-il en les fixant droit dans les yeux derrière ses lunettes. Écœurés, le père, la mère et le frère de Susanna détournent leur regard.

Au quatrième jour de l'audience, coup de théâtre ! L'accusé se déshabille avant d'entrer dans le box et prévoit de se présenter nu devant la cour. La présidente l'ayant menacé de délit pour exhibition sexuelle, Cholet consent à enfiler ses vêtements !

Rien ne l'arrête. Jusqu'au dernier jour du procès où il demande aux jurés de l'acquitter. Purement et simplement. Il jure même qu'il fera appel s'il est acquitté « au bénéfice du doute ». « Ne prenez pas le risque d'une nouvelle récidive », conclut l'avocat général en direction des jurés. À cinquante-cinq ans, Bruno Cholet a passé plus de la moitié de sa vie en prison. Aucune sanction ne semble avoir agi sur lui. Au contraire. Les jurés s'en sont souvenu et ont écouté le conseil du magistrat.

Le 14 septembre 2012, reconnu coupable du meurtre de Susanna Zetterberg, Bruno Cholet est condamné à la réclusion à perpétuité, assortie d'une période de sûreté de vingt-deux ans. Ainsi qu'il l'avait dit, il a fait appel, mais on doute que la cour qui aura à réviser son dossier revoie le verdict à la baisse…

*
**

Le fameux listing des taxis clandestins qui a permis d'appréhender Bruno Cholet a été établi par une brigade peu connue du grand public et qu'on appelle les « Boers ». Rien à voir avec les pionniers hollandais qui se sont installés en Afrique du Sud. Boers vient du mot « bours » (policier en argot russe), un vocable utilisé au début du XXe siècle par les conducteurs de calèches, souvent des immigrés russes. Les Boers sont les policiers des taxis parisiens chargés de traquer les conducteurs sans licence qui transportent des clients dans leur voiture personnelle. Certains le font même en Autolib' !

Depuis l'affaire Cholet, cette brigade bénéficie de moyens beaucoup plus importants : ils n'étaient que douze en 2008 pour surveiller quarante mille véhicules dont vingt mille taxis, les limousines, et les taxis clandestins. Depuis le meurtre de Susanna Zetterberg, les effectifs sont passés à soixante-dix agents en civil. « Grâce à l'arrestation de Bruno Cholet, notre travail a été reconnu », disent-ils.

*
**

Aujourd'hui La Scala a fermé ses portes. L'adresse a été reprise par un prince des nuits tropéziennes qui en a fait un autre lieu à la mode.

Au cours du procès, l'ex-compagne de Bruno Cholet l'a dépeint comme un flambeur narcissique aimant les costumes élégants, les marques luxueuses et les restaurants chics. Un loup garou en smoking, en quelque sorte.

Les loups ont disparu depuis longtemps des forêts de Rambouillet, Senlis ou Chantilly. Certains d'entre eux sont entrés dans Paris, ainsi que le chantait Reggiani. Il leur arrive de se faire passer pour des chauffeurs de taxi et de chasser leurs proies à la sortie des boîtes de nuit.

– Excusez-moi, monsieur, vous êtes bien sûr de votre itinéraire ?

L'ŒIL DE FRÉDÉRIC

S'il y a bien une réalité dure à admettre, c'est que la justice n'est pas infaillible. C'est ce qui la rend fascinante. Mais quand j'apprends que Bruno Cholet fait appel de la décision de la cour d'assises, alors que les preuves l'accablent, je me repose la question des multirécidivistes. Un sujet qui nous saute à la gorge, avec d'autant plus de force que Cholet a juré aux parents de la victime, les yeux dans les yeux, n'avoir jamais croisé leur fille.

Que faire avec les multirécidivistes ? À partir de quel seuil considère-t-on qu'ils sont libérables ? Comment leur imposer des soins en prison ? Comment agir pour que les crimes ne se répètent pas ?

Un sujet épineux, avec d'un côté la sécurité des citoyens à garantir, et de l'autre, des médecins en nombre souvent insuffisant qui n'ont pas la tâche facile. Il faudrait faire du cas par cas, ce qui est hélas très coûteux.

Je me souviens de mon rôle de *profiler* psychopathe, dans le film *Dédales* de René Manzor. Mon personnage est traité en UMD (Unité pour malades difficiles) avec les questions que cela soulève : Comment soigner ce type de personnalité ? Comment font les médecins pour contenir leur propre violence quand ils sont agressés par des malades ?

« Le verdict a rendu justice à ma fille, je vais maintenant pouvoir repartir de l'avant », a déclaré le père de Susanna, à l'issue du procès.

Même si un crime justement puni n'est jamais la fin de la souffrance pour les proches de la victime, c'est au moins le début, la possibilité de la délivrance. Depuis cette histoire horrible, j'y pense souvent, quand je monte dans un taxi.

2e ARRONDISSEMENT

RAOUL

CAFÉ DU CROISSANT

VILLAIN

Raoul Villain

Pas de dessert pour Jean Jaurès

Les bras tendus vers le ciel, une femme hurle dans la rue : « Ils ont tué Jaurès ! Ils ont tué Jaurès ! » La foule s'arrête et commence à converger vers elle, qui se tait maintenant, hébétée. Que s'est-il passé ?

*
**

31 juillet 1914, 21 h 40, 146, rue Montmartre, café du Croissant, IIe arrondissement. L'homme qui n'a eu de cesse de combattre la guerre, ce fléau de l'humanité, vient de s'écrouler, une balle en pleine tête. Il n'a pas eu le temps de finir son dessert.

Selon les dires du gardien de la paix qui a arrêté le meurtrier en fuite, le quartier était en ébullition ce soir-là, il y avait un monde fou sur les boulevards. « C'était orageux… »

Située au cœur du Sentier, la rue Montmartre existe depuis Louis VI le Gros. À deux numéros du café qui passe dans la seconde à la postérité, fut imprimé le *J'accuse* de Zola.

Ce n'est pourtant ni dans la France du XIIe siècle ni dans celle de l'affaire Dreyfus que je vous emmène. Car nous sommes en plein été 1914, l'été qui va précipiter la Belle Époque dans l'horreur de la Grande Guerre.

La femme qui hurle : « Ils ont tué Jaurès ! » se trompe sur le « ils ». L'assassin semble avoir agi seul. Comme Ravaillac, comme Lee Harvey Oswald. Le premier fut écartelé en place de Grève, le second abattu deux jours après son arrestation à Dallas. L'assassin de Jaurès, Raoul Villain, le bien nommé, aura plus de chance : il sera acquitté.

Le 31 juillet, l'Autriche a déjà déclaré la guerre à la Serbie. La machine infernale des alliances, Triple-Entente contre Triple-Alliance, qui va conduire à la mondialisation du conflit, est enclenchée. Plus rien ne pourra l'arrêter. Le 3 août, l'Allemagne déclarera la guerre à la France.

*
**

Voici ce qu'écrivait Jaurès dans son dernier article de *L'Humanité* :

« Le plus grand danger n'est pas dans les événements eux-mêmes, il est dans l'énervement qui gagne, dans l'inquiétude qui se propage, dans les impulsions subites qui naissent de la peur, de l'incertitude, de l'anxiété : ce qui importe avant tout, c'est la continuité de l'action, le perpétuel éveil de la pensée et de la conscience ouvrière, là est la vraie sauvegarde, là est la garantie de l'avenir. »

Contre l'esprit nationaliste et même revanchard de l'époque, « le perpétuel éveil de la pensée et de la conscience ouvrière » ne suffira pas, hélas, à éviter le pire.

La loi défendue par Clemenceau, qui allonge à trois ans la durée du service militaire obligatoire, a été votée l'année précédente. Visiblement, on a envie d'en découdre. Jaurès était farouchement contre cette loi, et Villain sans doute farouchement pour. C'est peut-être à ce moment qu'est née chez lui l'envie de le faire taire.

En 1912, Poincaré a fait de la fête de Jeanne d'Arc une fête nationale. Jeanne d'Arc, quelle drôle de coïncidence, c'est la sainte vénérée par le collège Stanislas dont, aujourd'hui encore, la devise inspirée du chevalier Bayard est : « Français sans peur, chrétien sans reproche ». Le jeune Raoul Villain y est pion dans les premières années du siècle. « Sérieux, doux, poli… » : voilà ce que ses collègues et ses supérieurs pensent de lui. On le renverra même pour son manque d'autorité. Il faut toujours se méfier des timides, ils peuvent avoir envie d'un destin.

Qui sait si celui que son acte d'accusation en 1915 présente comme « un homme falot » ne se prenait pas pour le fils naturel de Jeanne d'Arc et de Bayard, rêvant de bouter les Allemands hors de France ?

Un homme seul ne peut pas grand-chose contre l'opinion de tout un peuple. Surtout quand ce peuple est excité par une presse qui, en ce bel été 1914, flatte son désir de revanche en réveillant les blessures des humiliations passées.

La femme qui hurle « Ils ont tué Jaurès ! » quand il s'écroule sous ses yeux a donc raison. Ce pluriel désigne tous ceux, députés, ministres, journalistes, industriels, intellectuels, militants qui, croyant le jour de gloire arrivé, appellent le peuple à la vengeance en exacerbant son instinct guerrier.

Exalté par cette fièvre nationaliste, persuadé qu'il doit éliminer un traître à sa patrie, presque un Allemand, Raoul Villain assassine le pacifiste qui cristallise ses frustrations et ses haines.

« Dans des circonstances aussi graves que celles que nous traversons, j'ai voulu supprimer un ennemi de notre pays », confirmera-t-il aux jurés. Il sera acquitté à la quasi-unanimité par la cour d'assises de la Seine après avoir passé toute la guerre en prison. Comble de l'injustice et du scandale, c'est la veuve de Jaurès qui paiera les frais du procès.

***

Toute la journée du 31 juillet, Jaurès a bataillé pour empêcher l'irréparable. À la Chambre des députés et au ministère des Affaires étrangères. Le soir, il dîne au café du Croissant, histoire de reprendre quelques forces avant de se lancer dans la rédaction d'un long éditorial appelant à la mobilisation générale pour la paix.

Il s'attable avec quelques amis journalistes à gauche de l'entrée du café. Le tribun socialiste, député du

Tarn, est assis dos à une fenêtre ouverte qui donne sur la rue Montmartre. À 21 h 40, après avoir écarté le rideau dans l'embrasure de la fenêtre, Villain tire deux balles dans sa direction avant de s'enfuir par la rue Réaumur où il est reconnu, assommé à coups de canne par un employé de *L'Humanité,* avant d'être immobilisé par un policier.

En tirant sur Jaurès, Villain voulut sans doute éliminer, d'un coup d'un seul, le socialiste républicain, le pacifiste, l'internationaliste, le fondateur de *L'Humanité,* l'intellectuel.

Jaurès concentre sur sa personne toutes les figures que Villain déteste. Donc feu sur le socialiste républicain, lui qui se sent catholique patriote. Feu sur le pacifiste, lui qui adhère à la Ligue des jeunes amis de l'Alsace-Lorraine où l'on communie dans la haine de l'ennemi allemand. Feu sur le fondateur de *L'Humanité,* lui qui se sent proche de *L'Action française.* Feu sur le normalien philosophe qui a rédigé une thèse intitulée *De la réalité du monde sensible*, lui le fils d'un greffier de Reims, qui n'a jamais été doué pour les études. Feu sur le professeur, camarade de promotion de Bergson, lui qui n'a été qu'un pion de collège chahuté. Feu sur le défenseur des ouvriers et des syndicalistes, lui qui avait commencé des études d'agriculture.

En 1918, on tuera Jaurès une seconde fois : un de ses fils tombera en effet pour la France.

Villain, lui, passera sa guerre au chaud et à l'arrière, protégé par les barreaux de sa prison. Après avoir touché un petit héritage, il s'installera à Ibiza où les habitants le surnommeront très vite « *El loco del puerto* », le fou du port, à cause de ses comportements souvent excentriques. Il finira ses jours au soleil, et sera exécuté en 1936 sur une plage des Baléares par des anarchistes espagnols qui ignoraient sans doute le crime dont il avait été absous mais le soupçonnaient d'être un agent franquiste.

*
**

La table du café du Croissant sur laquelle Jaurès s'est effondré a été offerte en 1938 à la ville de Champigny-sur-Marne dont le maire était un proche du député de Carmaux. Elle est désormais classée monument historique. Le café a été rebaptisé la Taverne du Croissant.

« Un peu d'internationalisme éloigne de la patrie, beaucoup y ramène. » Raoul Villain ne pouvait comprendre cette phrase de Jaurès.

À l'heure où l'Europe est en train de construire une véritable fédération d'États, c'est à nous d'y réfléchir.

L'Œil de Frédéric

Enfin un homme, un vrai !

Un grand homme politique sans aucun cynisme, un visionnaire, un prophète presque, d'une sincérité absolue, d'un engagement total ! La personnalité qui vous réconcilie avec la politique. Il n'y en a pas beaucoup qui ont cette dimension-là, celle d'un Nelson Mandela ou d'un Martin Luther King.

À la mort de Stéphane Hessel, toute la presse a légitimement parlé de la disparition d'un juste. Pour moi, Jean Jaurès, c'est la figure du juste, un Père, un modèle aussi, et donc forcément un repère. Et qui le tue ? Un petit, un frustré, un lâche – une balle dans le dos, mais en pleine tête, s'il vous plaît ! –, un type obscur qui croit agir au nom des intérêts de la France et de la nation, et qui précipite le monde dans le cataclysme. C'est à pleurer, à hurler plutôt. On est partagé entre la tristesse et la colère. Jean Jaurès, je le vois comme le dernier rempart qui protégeait les hommes de leur bêtise, de leur haine, de leur arrogance, de leur instinct vengeur, de leur folie meurtrière, un humaniste, garde-fou de l'humanité. Avec son assassinat, tout s'écroule, les chiens sont lâchés, le pire devient certain.

Je me demande comment Raoul Villain a pu vivre après ce qu'il a fait… Rien que son nom annonce la couleur. Mais il vit très bien, il doit parfois se dire que c'est lui le grand homme, peut-être même espère-t-il une place au Panthéon ? Pourquoi se poserait-il des questions ? La cour d'assises de la Seine l'a largement acquitté, elle a obligé la femme de Jaurès à payer les frais du procès, et l'un des fils de Jean a été tué à la guerre. L'assassin a la paix maintenant, il peut dormir tranquillement. C'est fou ce qu'on est capable de commettre comme injustice dans l'euphorie de la victoire !

Je n'aime pas croire que l'histoire se venge. Il ne faut pas prêter à l'histoire nos propres mesquineries, nos instincts les plus bas. Pourtant quand, à son tour, Villain est assassiné aux Baléares par des anarchistes espagnols qui le prennent pour un agent franquiste, on ne peut pas s'empêcher d'avoir un frisson de satisfaction. Pas une consolation, non, juste une petite compensation.

« L'histoire enseigne aux hommes les difficultés des grandes tâches et la lenteur des accomplissements, mais elle justifie l'invincible espoir. » Tout est dit dans cette phrase de Jaurès, que j'adore. Je doute que Villain ait pu penser cela !

3e ARRONDISSEMENT

LA BANDE

À VIEILLARD

La bande à Vieillard

À petite bande, petit crime

Ils se sont connus durant les émeutes des Trois Glorieuses. Ils auraient pu tout aussi bien faire connaissance sur les barricades de 1848, de la Commune ou de Mai 68. Mais leur destin était de se rencontrer pendant la révolution de Juillet.

Le 28 juillet 1830, depuis le palais des Tuileries, le général Marmont envoie une missive au roi Charles X qui se trouve au château de Saint-Cloud : « Ce n'est plus une émeute, c'est une révolution. Il est urgent que Votre Majesté décide des moyens de pacification. L'honneur de la couronne peut encore être sauvé. Demain, peut-être, il serait trop tard. »

Les révolutions ont l'énorme avantage de détourner l'attention du citoyen vers de nobles idéaux et de concentrer celle de la police sur le rétablissement de l'ordre public. Ainsi, elles laissent plus de temps et de liberté aux petits voleurs et canailles en herbe pour vaquer à leurs activités délictueuses.

Il existe des bandes bien plus célèbres que la bande à Vieillard, Soufflard et Vollard mais, au fond, quand on vit de menus larcins, mieux vaut rester obscur et anonyme. Et, depuis la révolution qui a chassé Charles X, c'est précisément ainsi qu'ont choisi de vivre nos amis Louis-Simon Lesage dit « le Vieillard », Jean-Victor Soufflard et Jeanne Vollard. « La » Vollard, c'est plutôt ainsi qu'on l'appelle, est une veuve, la sœur de Vieillard, une sorte de paysanne qui parlerait avec l'accent des faubourgs. Son métier : vendeuse de haillons. Son but : s'en sortir, et peu importe la méthode.

Dans une bande, l'harmonie des noms a son importance, et ceux de nos lascars riment, c'est déjà beaucoup. Cela donne tout de suite une jolie petite caution poétique à l'association de malfaiteurs et permet à la police, comme à l'opinion publique, de mémoriser plus facilement les patronymes. Tout chef de bande digne de son titre doit se pencher, à un moment ou un autre de sa carrière, sur le délicat sujet du choix du nom du groupe. Qui aura le privilège d'ouvrir le cortège ? Et qui, celui de le fermer ?

À une autre époque, le chef de la bande du Temple se serait appelé Godefroy de Saint-Omer ou Jacques de Molay et aurait porté l'écu à la Croix rouge. Le nôtre a choisi comme surnom « le Vieillard », malgré ses trente-huit printemps encore prometteurs. Allez savoir pourquoi… Pour troubler les pistes ou se donner le charisme dont il manque ?

Une bande a toujours besoin de bons supplétifs : dans celle qui nous occupe, c'est Eugénie Alliette dite « la Biche », une jeune prostituée blonde, qui joue ce rôle. C'est elle qui stocke la marchandise, le butin.

Quand les policiers découvriront des pièces d'or chez elle, elle jouera les étonnées. Ça, elle sait très bien le faire… Il y a aussi Micaud, un jeune garçon un peu falot qui en pince pour la Biche.

*
**

« Une mafia, rappelle justement le criminologue Alain Bauer, est une société secrète permanente, cloisonnée, hiérarchisée, dotée de règles dont on ne s'éloigne qu'au péril de sa vie. » La bande du Temple est loin d'être aussi bien organisée. Fort heureusement, la criminalité reste diverse et inventive dans ses structures, ses objectifs et ses ambitions. De la cour des Miracles à la mafia sicilienne, il existe une réjouissante infinité de modèles d'associations de malfaiteurs, des plus loufoques aux plus apocalyptiques.

Vieillard et Soufflard se sont connus au bagne, une villégiature qui favorise souvent les liens indéfectibles. C'est là qu'ils ont rencontré Micaud. Quand on sort du bagne, on a rarement envie de se lancer dans une carrière pastorale, même si on loge près du marché du Temple. La bande à Vieillard poursuit donc la politique qu'elle a toujours menée : elle détrousse les bijoutiers, les brocanteurs, les blanchisseurs, tout ce qui ressemble à un magasin ou un commerce et dont on peut supposer que la caisse est bien garnie.

Début 1838, trois des membres fondateurs sont arrêtés. C'est beaucoup pour une petite bande. Trois mois plus tard, ils sont libérés et retournent au turbin. Avec un peu plus d'ambition, cette fois : ils décident d'attaquer un marchand de literie de la rue du Temple. On reste dans le quartier. Pourquoi se compliquer la vie ? *Business as usual*, comme dans le film *7 h 58 ce samedi-là*, de Sidney Lumet.

Profitant d'une absence du patron qui présente ses nouveaux articles au marché du Temple, dans le IIIe arrondissement, les Ribouldingue et Filochard du braquage de proximité s'introduisent dans le magasin de meubles en plein après-midi, croisent même Élisa Renault, la fille des propriétaires qui les prend pour des livreurs… et s'enfuient discrètement par la rue du Temple. Quelques minutes plus tard, la jeune fille découvre que ceux qu'elle a pris pour des livreurs viennent de larder le corps de sa maman de dix-sept coups de couteau. Le spectacle est abominable : les assassins ont essuyé leurs mains pleines de sang sur les rideaux, les sommiers sont retournés, éviscérés comme du gros gibier. L'argenterie et la caisse du magasin ont disparu.

Après leur forfait, Vieillard et Soufflard sont sortis en courant. Mais, dans sa précipitation, le chef sème son butin, il laisse choir l'argenterie sur le trottoir. Un passant bienveillant le lui fait remarquer et le voleur revient sur ses pas pour récupérer son bien, comme s'il avait laissé tomber un mouchoir de sa poche. Mais un curieux détail attire l'attention d'un gamin qui assiste à la scène : la poitrine du monsieur distrait est couverte de sang. Il pousse un cri, relayé par un autre témoin qui a vu la même chose, et bientôt c'est l'alerte à la cantonade.

Les deux compères s'enfuient sans être poursuivis, puis s'accordent une pause dans une buvette de la rue Notre-Dame-de-Nazareth. Inquiets, ils décampent avant d'avoir fini leurs verres d'eau sucrée.

Le lendemain, pensant changer de visage et mieux se fondre dans l'anonymat, Vieillard, par une lubie indigne de sa sagesse et de son statut de chef de bande, échange sa veste au Mont-de-Piété, ancêtre du Crédit municipal, rue des Blancs-Manteaux. Et il se fait couper les favoris. Mais n'est pas Mesrine ou un membre des Postiches qui veut ! Se faire couper les favoris relève d'un art du camouflage un peu sommaire, surtout quand on a déjà été repéré en pleine rue, du sang sur la poitrine, puis dans une buvette où les indics sont nombreux et les délateurs zélés. Vieillard est vite identifié et arrêté par la police. D'autant que la jeune Élisa l'a aussitôt reconnu, au point de s'évanouir à sa vue. Complices, Micaud et la Vollard suivent le chef dans sa chute. Dénoncé par Micaud au juge d'instruction, Soufflard est appréhendé chez la Biche. C'est la fin des haricots et du quatuor.

*
**

En mars 1839, les deux meneurs sont condamnés à mort et les supplétifs de la bande aux travaux forcés : dix ans pour la veuve Vollard, huit pour Micaud. Et six ans pour Eugénie dont la beauté n'aura pas le temps de se faner derrière les barreaux. À sa sortie, elle retrouvera le trottoir. Il l'aura attendue.

Le poison et la corde sont-ils préférables à la guillotine ? « Oui ! » répondent Soufflard et Vieillard. Le premier choisit l'arsenic, une dose qui pourrait tuer un cheval, un troupeau même ! C'est l'autopsie qui le révèle. Il s'empoisonne dès la sortie du tribunal. Qui lui a passé le poison ? Mystère… Quant à Vieillard, il se pend dans sa cellule de la prison de la Roquette, frustrant le bourreau de son petit frisson. Les condamnés ont fait le boulot à sa place. C'est ainsi que fut décimée la bande à Vieillard dont la notoriété ne dépassa jamais les limites du quartier.

L'ŒIL DE FRÉDÉRIC

Tous les crimes ne sont pas spectaculaires. Et tous les hommes ne sont pas des personnalités hors du commun. Le crime ordinaire, c'est l'ordinaire du crime !

On est dans le Paris d'avant Haussmann. Les classes sociales sont encore mélangées au cœur de la ville. De nombreuses bandes sévissent, profitant à la fois des troubles politiques et du vide policier laissé par l'éviction de Vidocq en 1833. Ce grand flic atypique, ancien repris de justice, roi de l'infiltration.

Un braquage qui dégénère, un vol à la tire qui laisse des morts sur le pavé, un cambriolage qui s'achève par plein de meurtres, cela arrive presque tous les jours. C'est pour ça que cette histoire de la bande à Vieillard m'intéresse. Eh oui, tout le monde n'a pas la chance de s'appeler Bonnot ! Chez les criminels, il y a les noms célèbres, les super pros, ceux qui reposent au panthéon de la criminologie dont le fronton pourrait porter comme inscription : « À ses grands hommes, l'empire du crime reconnaissant » ; il y a ceux qui se prennent, ou que l'on prend par envie de légende, de frisson et de fantasme, pour les seigneurs du genre. Et puis il y a les petits, les obscurs, les sans-grade, les invisibles. Qui sont guillotinés comme les autres, la gloire en moins !

Bien sûr, le cinéma a tendance à préférer les premiers car ils sont des stars. Mais imaginons un film sur une bande d'amateurs, des Pieds nickelés du crime crapuleux de quartier, des malins qui profitent des troubles liés aux périodes d'émeutes, de révolte ou de révolution pour développer tranquillement leur business, en famille ou entre copains, cela changerait un peu, vous ne trouvez pas ?

Quoi qu'il en soit, quand la tête roule dans la caisse de la guillotine, elle fait le même bruit, qu'il s'agisse de celle de Landru, le plus symbolique de nos tueurs, ou de celle d'un truand sans envergure. Pauvre Vieillard qui a cru qu'il suffisait de se couper les favoris et de changer de liquette pour échapper à la police, ce qui n'est pas très respectueux pour les forces de l'ordre ! Son destin était plus grand que lui : il n'a pas eu le cran d'affronter le couperet sanglant et a préféré la corde dans sa prison. En toute discrétion.

4e ARRONDISSEMENT

JEAN-JACQUES

LIABEUF

Jean-Jacques Liabeuf

Le dégringoleur de flics

La guerre sociale gronde. Le climat est au soulèvement. Dans ces moments-là, un fait divers peut suffire à transformer les frustrations sociales en révolte et la révolte en révolution. L'affaire Jean-Jacques Liabeuf et, plus tard, son exécution ont failli tourner à l'émeute et l'émeute à l'insurrection.

Son nom a beau sonner comme Babeuf, le célèbre révolutionnaire, le petit cordonnier n'a rien d'un contestataire extrémiste.

Ni même d'un Apache. Il n'habite même pas dans le bon quartier.

En 1900, première apparition officielle du terme. Un journaliste écrit dans *Le Matin* : « Nous avons la chance de posséder à Paris une tribu d'Apaches qui vous tuent votre homme comme les plus authentiques sauvages. » L'Apache vit en bande dans les quartiers de l'Est parisien, son arme favorite est le couteau de chasse repliable de vingt-deux centimètres (à l'origine du célèbre : « 22 ! V'là les flics ! »), et sa méthode est brevetée : c'est le coup du foulard qui consiste à étrangler le passant par-derrière pour le laisser groggy sur le trottoir pendant qu'on lui fait les poches. À deux, c'est encore plus simple.

Si l'Apache n'est pas un dandy du crime, il lui ressemble : bottines impeccablement cirées (le cuir jaune fait fureur !), foulard autour du cou, chemise fripée sans col, pantalons étroits et resserrés sur le mollet. Et, surtout, la large ceinture rouge autour de la taille. Il a ses stars et ses références, Cartouche et Casque d'or. Même s'il peut se montrer cruel, son amateurisme le rend sympathique. Arnaqueur, escroc, délinquant, marginal, rôdeur, maraudeur, vagabond, noceur, l'Apache n'est pas un assassin au sens où le Code pénal l'entend, c'est-à-dire l'auteur d'un meurtre avec préméditation ou par guet-apens. Vivant au jour le jour, oiseau du ciel qui ne sème ni ne moissonne, lys des champs qui ne travaille ni ne file, il prépare rarement ses coups. Dans les années 1910, la tribu des Apaches parisiens est estimée à environ trente mille individus.

L'Apache a ses quartiers de prédilection – Ménilmontant, Belleville –, ses fiefs, ses bandes, ses codes. Héros du feuilletoniste populaire, il se situe entre la cour des Miracles de l'Ancien Régime et les *hobos* américains, ces sans domicile fixe qui font la route pour proposer leurs services dans des fermes ou sur des chantiers. Les Apaches, eux, ne changent pas de paysages, ils sévissent souvent dans les mêmes quartiers, sans doute pour pouvoir mieux se sauver quand il sont inquiétés, ils sont plus sédentaires que les *hobos* et bien moins organisés que le duc de la cour des Miracles. D'autres époques et d'autres mœurs leur donneront de nouveaux sobriquets : hurluberlus, rastaquouères, individus inassimilables ou en rupture de ban, misfits, inadaptés, désaffiliés, déclassés, sauvageons, racailles…

*
**

Jean-Jacques Liabeuf est un petit cordonnier du quartier Saint-Merri, dans le IVe arrondissement. Il n'avait pas demandé grand-chose et surtout pas ce qui lui arrive. Là, il est fou de rage et s'il veut, selon sa propre expression, « dégringoler les flics », c'est beaucoup moins par anarchisme que par amour. En 1909, il a été traduit devant la 8e chambre correctionnelle de la Seine pour proxénétisme que, dans ces années-là, on appelait « vagabondage spécial ». Il a eu le bonheur et le malheur de tomber amoureux fou d'une prostituée, Alexandrine Pigeon, mais il n'est pas son souteneur, il est son grand amour ! Il le clame à qui veut l'entendre. Dommage pour lui que Gaston, le vrai proxénète, soit un indic de police qui a trouvé un bon moyen de se débarrasser d'un rival… Allez vous défendre ensuite contre ces ripoux de la Brigade des mœurs !

Condamné à trois mois de prison, cent francs d'amende et cinq ans d'interdiction de séjour, il purge sa peine. Libre, il refuse de s'éloigner de Paris. Renvoyé à Fresnes pour un mois après une nouvelle interpellation par la police, il laisse décanter sa haine. Et il en a une énorme quantité sur le cœur.

Sa deuxième peine purgée, il travaille dans une cordonnerie de Belleville, vend des cartes postales le soir pour mettre de l'argent de côté et s'acheter un revolver.

La nuit, il dort dans les fossés des fortifications de Paris pour échapper aux rondes de police.

Le 8 janvier 1910, l'heure de la vengeance a sonné. Pour lui, ce n'est que justice. Il se vengera de ces juges qui l'ont condamné à tort pour proxénétisme. Souteneur, il ne l'a jamais été, cela lui fait horreur. Il le criera jusqu'à ce que le couperet de la guillotine lui coupe aussi la parole.

*
**

Pourquoi se venge-t-on ? Pour laver son honneur, pour répondre à l'appel du sang, pour châtier ceux qui nous ont trahis, pour se faire plaisir, pour tenir une promesse ? Pour se prouver qu'on en est capable, pour la beauté du geste, pour rattraper les années perdues en prison, pour rester fidèle à la loi du talion de l'Ancien Testament ? Parce qu'on n'a pas la force de pardonner, ou pas l'envie, ou bien parce qu'on aime la justice sauvage ? Peut-être, tout simplement, parce qu'on préfère les plats qui se mangent froids.

Ce matin-là, Liabeuf traîne dans son quartier près des Halles. Il s'assied au comptoir d'un café de la rue Aubry-le-Boucher qui donne dans le boulevard Sébastopol et où Victor Hugo fit mourir Gavroche sur une barricade. Gavroche, une p'tite gueule que Liabeuf aime bien pour sa gouaille, son insolence, son courage. Pour son air rigolard, aussi. Sur toutes les illustrations qui le représentent, il a toujours l'air de se marrer.

Liabeuf n'a pas cette joie de vivre, cet entrain, ce matin il se sent lourd. Peut-être est-ce le poids du pistolet et des lames dans sa poche, et, sur ses bras, des deux brassards de cuir hérissés de pointes qu'il a enfilés.

Quelques verres de blanc plus tard, deux policiers l'interpellent à la sortie du bistrot. Liabeuf attendait, espérait cette confrontation. Aussitôt, il poignarde un policier à cinq reprises et blesse le second. Poursuivi par une escouade d'agents arrivée en renfort, il achève le premier à coups de revolver. Mais, touché par le sabre d'un agent venu à la rescousse de ses collègues, il est maîtrisé et conduit à l'Hôtel-Dieu.

*
**

Orphelin d'un père limonadier, ayant eu une enfance difficile entre Saint-Étienne et Lyon chez une mère ménagère, apprenti armurier puis apprenti cordonnier, Jean-Jacques Liabeuf tient plus de l'ouvrier modèle que du dangereux conspirateur. Rien dans son parcours ne le destinait à devenir le sujet d'une affaire d'une ampleur nationale. C'était compter sans le rôle de la presse populaire.

Diabolisant les vols mineurs commis dans son adolescence, discréditant son métier de cordonnier, elle amplifie l'idéologie sécuritaire, d'autant que la guillotine est au repos et que le président Fallières est sensible aux arguments des abolitionnistes de la peine capitale. La presse va en faire un Apache, un marginal, un révolté.

Sans le climat de guerre sociale de l'époque, le crime de la rue Aubry-le-Boucher serait resté un fait divers sans importance ni conséquence, remplacé le lendemain par un autre, classé, oublié, une simple histoire de comptoir qui fait hocher les têtes quand on la raconte. Un type qui se venge, quoi de plus banal ? Mais la presse populaire, souvent prompte à transformer un voleur de poules en ennemi public, en fait un massacreur d'agents alors qu'il n'en a tué qu'un. Bientôt, la presse bourgeoise réclame la tête du tueur de flics. Jean-Jacques Liabeuf devient l'exemple éclatant de la transfiguration d'une vie minuscule en célébrité.

La fiche anthropométrique des services d'Alphonse Bertillon, entré comme employé à la Préfecture de police en 1879, permet de cerner l'homme. Contrairement aux feuilles de chou qui peuvent vous figer en une seule image, le « bertillonnage » détaille anatomiquement votre vie. Parfois, vous devenez une icône, parfois vous restez une face et un profil sur une fiche. Allez savoir quel est le rôle le plus enviable…

Sur une fiche Bertillon, on mesure et enregistre votre taille, votre envergure depuis l'épaule gauche jusqu'au majeur droit, la longueur de votre buste, celle de votre tête, de votre pied gauche, celle de votre oreille droite, de votre médius et de votre coude gauches. Sans compter le relevé exhaustif de toutes les marques visibles sur votre corps : grains de beauté, tatouages, cicatrices… Un système presque parfait pour retrouver les repris de justice et les récidivistes, surtout depuis qu'on ne les marque plus au fer rouge !

Voilà, vous êtes « bertillonné », mais pas encore totalement indentifiable car vos empreintes digitales ne seront intégrées dans votre fiche d'identification qu'en 1907, oubli fatal du bon Alphonse, ce qui explique, dès le début du siècle, l'avance de Scotland Yard, lequel a fait des empreintes digitales la matière première de ses investigations.

*
* *

En 1898, alors que l'affaire Dreyfus semblait pliée, Zola écrivit son *J'accuse,* une lettre ouverte au président Félix Faure qu'il fit paraître dans *L'Aurore.* Il dénonçait, entre autres, « la presse immonde » : « C'est un crime d'égarer l'opinion publique, d'utiliser pour une besogne de mort cette opinion qu'on a pervertie jusqu'à la faire délirer. »

Avec Gustave Hervé, fondateur du journal *La Guerre sociale,* Liabeuf a trouvé son Zola. Dans le numéro du 12 janvier 1910 et son article au titre provocateur, « Doit-on le tuer ? », Hervé défend l'honneur du cordonnier, attaque la presse populaire, démonte la fabrique du coupable, accuse les policiers de faux témoignage, justifie le crime par vengeance et pose les bases d'une insurrection populaire en sanctifiant les ouvriers « victimes de brutalités policières, d'ignobles passages à tabac, de condamnations imméritées, d'erreurs judicaires ».

Zola avait dû s'exiler en Angleterre pour fuir la prison à laquelle son *J'accuse* l'avait fait condamner. Gustave Hervé, lui, comparaît devant la cour d'assises de la Seine pour appel au meurtre et apologie du crime. La fièvre monte. Cruelle ironie de l'histoire : le procès Hervé vole la vedette au petit cordonnier, prouvant, une fois encore, que l'histoire préfère ceux qui savent manier le verbe à ceux qui, faute d'éducation ou de culot, restent sans voix. Il faut dire que le journaliste a convoqué du beau monde pour illustrer son réquisitoire contre l'ordre bourgeois, sa morale répressive, sa justice à plusieurs vitesses et la corruption policière : Jean Jaurès, Édouard Vaillant, Henri Rochefort, Marcel Sembat sont venus mettre leur puissance de feu dialectique au service du défenseur des humiliés, des oubliés et des invisibles.

Le bruit du procès Hervé sort de la cour d'assises, court les rues, enfle dans les associations militantes, les cercles politiques, et les consciences. On croit à la naissance d'une nouvelle cause, on l'espère, on y travaille dans les partis de gauche, dans les bureaux des intellectuels Marcel Mauss, Octave Mirbeau, Anatole France, dans les journaux engagés, dans les meetings clandestins. Mais le « liabouvisme » n'est qu'un feu de paille, une petite promesse avortée du grand soir, qui laissera derrière lui un slogan promis à une belle carrière : « Mort aux vaches ».

***

Après la décapitation du petit cordonnier, le 1er juillet 1910, on a crié longtemps dans les rues. Le grand corps social s'est agité durant quelques semaines puis les convulsions se sont espacées, estompées. L'été est arrivé. Quatre ans plus tard, la France entrait dans l'épreuve la plus longue et la plus meurtrière de son histoire.

« Les supplices de tous les genres, l'écartèlement, la roue, les bûchers, le fouet, les gibets, les bourreaux multipliés partout nous ont fait de si mauvaises mœurs. Les maîtres, au lieu de nous policer, nous ont rendu barbares puisqu'ils le sont eux-mêmes. Ils récoltent et récolteront ce qu'ils ont semé. » Ce ne sont pas les derniers mots de Jean-Jacques Liabeuf sur l'échafaud mais ceux que le révolutionnaire Gracchus Babeuf, fondateur de la Conjuration des Égaux, écrivit à sa femme.

Babeuf et Liabeuf, même combat, même sanction. Le premier fut guillotiné à Vendôme en 1797. Le second l'est à Paris, en 1910.

L'Œil de Frédéric

Jean-Jacques – parce que Liabeuf, j'ai tout de suite envie de l'appeler par son prénom – est un pauvre cordonnier manipulé, instrumentalisé par des pouvoirs qui le dépassent, la presse, les intellectuels, la police, la justice.

Tel que je le perçois, c'est avant tout un petit délinquant amoureux d'une pute balancé par un indic, et qui tue parce qu'il se sent humilié. On le condamne pour vagabondage spécial, comme on disait à l'époque, ça le rend fou, il ne peut plus vivre avec cette infamie et il ne pense plus qu'à se venger. Pas de chance pour lui, sa vengeance cible des agents de police et l'État est toujours impitoyable avec ceux qui s'attaquent à ses serviteurs. On l'a présenté comme un casseur de flics mais il n'est pas du tout le *serial killer* de policiers que cette expression laisse supposer. En fait, il a tué *un* agent de police ; c'est dire à quel point l'État redoutait l'agitation sociale.

Ce qui me frappe avec toute cette époque, la décennie juste avant la Première Guerre mondiale, c'est ce climat insurrectionnel qui couve au cœur de Paris. Il y a encore des quartiers chauds en plein centre. Malgré Haussmann, on n'a pas tout à fait relégué les classes défavorisées de l'autre côté des fortifs. Entre les Apaches, les anarchistes, les révoltés, les délinquants, les militants syndicalistes, les ouvriers qui galèrent, les saisonniers, les étrangers, il y a de quoi faire ! Et toute cette faune qui héroïse des figures comme Cartouche, Mandrin et François Villon vit de la rue et dans la rue. On se croise dans les guinguettes, les petits bistrots, les bals populaires, les salles de spectacle sur les grands boulevards, les cercles plus ou moins politisés.

Deux ans après l'affaire Liabeuf, Paris va vivre sous la menace de Bonnot et sa bande. Sept ans plus tard, c'est la Révolution russe. La Belle Époque, comme on dit, est loin d'être une époque tranquille ! Ce n'est pas par hasard si le journal de Gustave Hervé qui mobilise tous les intellectuels de gauche pour défendre Liabeuf s'appelle *La Guerre sociale*. Quand on pense à ce climat insurrectionnel, on comprend mieux pourquoi Liabeuf devient l'assassin idéal et le coupable parfait. L'État, quelle que soit l'époque, n'a jamais supporté d'être défié par la rue. Dans ces cas-là, il frappe fort.

5e ARRONDISSEMENT

LES FRÈRES

ZEMMOUR

La fin des frères Z

Le Parrain version pied-noir

Bienvenue dans la haute pègre parisienne !

L'histoire des frères Zemmour, surnommés les « Z » par le milieu, c'est un peu l'histoire des Dalton du faubourg Montmartre, ou bien *Le Parrain* en version française. Mieux, plus proche de nous : en version pied-noir. Un parrain et sa famille qui ne serait pas natifs de la province de Palerme mais de Sétif, dans le Constantinois, en Algérie.

Roland, Théodore, William, Gilbert, Edgard sont tous nés entre 1925 et 1937. Ils rêvent de faire fortune dans le négoce de vin. C'est dans le proxénétisme et les escroqueries en tout genre qu'ils réussiront, jusqu'à en devenir les maîtres incontestés.

Roland, l'aîné, débarque clandestinement à Paris en 1945. Le pays est en reconstruction. Chacun cherche à retrouver ses billes. Entre les filles et la vigne, l'argent du sexe ou l'or rouge, Roland comprend rapidement où est son intérêt, et quel commerce remplira le mieux ses poches. Il est pressé, tant pis pour lui, il mourra vite. À peine deux plus tard il est abattu, ouvrant ainsi, droit d'aînesse oblige, la longue série macabre qui va s'abattre sur sa fratrie.

Dix ans plus tard, le temps de grandir un peu, ses quatre frères débarquent à leur tour : ils viennent pour venger Roland. Chez les « Z », on tue, on rackette, on prostitue mais on ne trahit pas la famille : c'est une logique comme une autre, avec ses forces et ses failles. Le sang de la vie les a soudés, ils resteront unis dans le crime et la mort.

Une fois à Paris, Théodore, le cadet, s'éloigne assez rapidement du clan et en cède la direction à William. Lui, bien lui en prendra, se contentera d'aller ouvrir une boîte de nuit à Palma de Majorque. Gilbert est le cerveau de la bande et Edgard, le petit dernier, en est le séducteur. Le plus voyou, le flambeur. Les rôles sont distribués, le spectacle peut commencer.

*
**

Les frères Z débutent, petits et modestes, en tenant un hôtel de passe où ils font travailler des filles pour le compte de la famille Atlan, qui « tient » le IXe arrondissement. Intermédiaires d'intermédiaires en quelque sorte. Très vite, ils prennent leur autonomie et étendent le trafic des filles à l'étranger.

Entre les Zemmour, les Perret, les Atlan, cela fait beaucoup de fratries pieds-noirs. Trop pour les Z, derniers arrivés, dont les dents rayent le pavé de Paris et qui veulent y régner. Dans la pègre comme dans la savane, il faut marquer son territoire par la violence. Il n'y a pas de prise de pouvoir sans sacrifices. Le sacre des Zemmour, étoiles montantes du milieu, a besoin d'un meurtre rituel.

Les Z ont décidé d'éliminer Simon Atlan. Dans la grande tradition des règlements de comptes mafieux, ils vont faire courir le bruit que le clan Perret est l'auteur du crime. Résultat, Atlan et Perret s'entretuent et les survivants quittent la capitale pour aller cultiver leur retraite en province, laissant la place aux petits jeunes. Désormais, le business des Zemmour prospère, leur empire s'étend, ils deviennent les nouveaux rois de Montmartre avant de régenter l'ensemble de la capitale.

Avec les recettes des hôtels de passe, des bars à filles, des combats de boxe clandestins qu'ils organisent et des cabarets qu'ils contrôlent, les Z investissent dans l'immobilier parisien et dans la grande distribution du sexe en Allemagne. À savoir le commerce juteux des *Eros Centers* de Francfort.

En 1967, arrive l'heure de la diversification. Et avec elle la fortune mais aussi la division et le massacre. Le jeu, d'abord, puis la drogue vont miner le clan. Les Z veulent investir dans le marché du jeu en s'alliant avec le Corse Marcel Francisci. Francisci… un nom qui devint célèbre dans les années 1970, lorsque les services américains l'identifièrent comme l'un des grands acteurs de la French Connection, la fameuse filière qui participa à l'exportation d'héroïne aux États-Unis depuis la France. Aux côtés de Francisci, on trouvait les Orsini, les Venturi, les Lotti, les Guérini. Et tutti quanti ! On comprend qu'on ait aussi appelé cette filière la Corsican Connection.

Dans les années 1970 – ses meilleures années, après le règne d'Antoine Guérini – la French Connection, dominée par la mafia corse, fournira 90 % de la drogue consommée aux États-Unis. La morphine-base, importée d'Indochine, de Turquie ou de Syrie était transformée en héroïne dans des laboratoires clandestins entre Marseille et Aubagne avant d'être expédiée, via le détroit de Gibraltar, vers la Floride. C'est grâce aux talents des chimistes de la French Connection – comme Jo Cesari qui s'enorgueillissait de produire une héroïne pure à 98 % – que la mafia corse permit à Lucky Luciano de développer son empire américain.

Mais revenons à nos moutons pieds-noirs.

*
**

En 1967, Francisci, qu'on surnomme « l'empereur des jeux » parce qu'il est propriétaire de casinos à Paris, Londres et Beyrouth, refuse toute alliance avec les frères Zemmour. Mais les frères sont des enfants capricieux, ils n'ont pas l'habitude qu'on leur dise non, surtout quand l'affaire représente autant d'argent. Les jetons et les montagnes de billets, ils les imaginaient déjà dans leurs coffres et, là, ils voient rouge ! Impair et manque : ce qui aurait pu se négocier calmement, autour d'une table de poker ou de black jack, se réglera à coups de balles dans le corps.

Pieds-noirs contre Corses, le bilan fait mal : six morts. Mais les Zemmour sont toujours en vie. La fièvre monte, la violence aussi. Gilbert est le premier à réagir : marié et père de famille, il cherche à sauver sa peau en se rangeant des voitures et en investissant « propre » dans des affaires légales, des restaurants, des night-clubs. Puis il s'expatrie au Canada pour monter une importante régie immobilière. Avec quels capitaux ? Ça, c'est une autre histoire… ou plutôt la prolongation de la même par d'autres moyens.

En 1970, Roger Bacri dit « Petit-Roger », qui travaille pour les Zemmour, aimerait bien ajouter la drogue au business familial. La poudre blanche et la poudre brune manquent à leur carte de visite, ça ferait plus sérieux. Mais, contre toute attente, le clan n'est pas d'accord. Peut-être savent-ils ce qui les attend s'ils veulent en croquer… Peut-être aussi jugent-ils qu'ils gagnent suffisamment d'argent ? Selon des estimations sérieuses, à cette époque, leur chiffre d'affaires se monte à environ cinq cents millions d'anciens francs par mois.

Dès lors, la sécession entre les Zemmour et Bacri est inévitable : Petit-Roger, Daniel « le Polonais », Jean-Claude Vella, Marcel Gauthier et quelques autres inspirés montent leur propre filière. Mais tout le monde n'a pas le même talent pour faire fructifier ce genre de trafic.

Le nouveau business des sécessionnistes ne prenant pas l'essor espéré, la filière est démantelée. Bacri et ses sbires implorent alors le retour au bercail dans leur famille d'origine qui, sans surprise, refuse leur réintégration. On ne trahit pas la famille Zemmour, vous aviez oublié ? Humiliés, les dissidents se rapprochent de truands lyonnais et se baptisent en toute modestie le « gang des Siciliens ». Dans la pègre comme dans la Bible, le pouvoir des noms est immense. Il permet de se poser en maître et d'impressionner l'adversaire. Le gang des Siciliens, dans le milieu, ça en jette bien plus que le clan des Lyonnais. Après la guerre entre pieds-noirs et Corses, la guerre entre pieds-noirs et Siciliens est déclarée.

En 1973, le premier à tomber au combat, mort pour l'honneur du clan Zemmour, est Raphaël Dadoun, alias « Yeux de velours », refroidi dans un parking, le lieu de tous les règlements de comptes. Puis, le sang appelant le sang et le meurtre la vengeance, vient le tour des dissidents Vella et Gauthier. Pour la seule année 1973, la guerre des clans fera dix victimes. Bacri, lui, s'est suicidé… avant qu'on vienne lui poser un pistolet sur la tempe.

*
**

Deux ans plus tard, le 28 février 1975, c'est l'apothéose avec le massacre du bar du Thélème, boulevard Saint-Germain à Paris, dans le Ve arrondissement. Ayant appris qu'un « Yalta » du crime devait se tenir entre les frères Z et la bande adverse, le commissaire

Robert Broussard et les hommes de l'Antigang interviennent et tirent sans sommation.

Quand la fumée de la mitraille se dissipe, on compte les morts au tapis : William Zemmour et son garde du corps. Edgard, lui, a reçu plusieurs balles dont une dans la colonne vertébrale qui le condamnera au fauteuil roulant. Une dizaine de jours après, William est enterré au cimetière de Bagneux avec les honneurs et la pompe dus à un parrain.

De mémoire de Parisiens et de banlieusards, on n'avait jamais vu ça ! Entre le quai de la Rapée et le cimetière, un immense cortège de Rolls-Royce et de limousines accompagne l'aîné des Zemmour pour son dernier voyage. Amis, ennemis, tous sont là, mouchoirs et flingues à portée de main. Les journalistes, eux, sont coursés entre les tombes et chassés à coups de pierres. La tombe croule sous les gerbes et les couronnes de fleurs. On dit même que le cercueil est en acajou avec des poignées en or. Pas forcément de très bon goût, mais sûr que William apprécierait, lui le prince du bling-bling, chez qui on retrouvera une centaine de costumes de marque et de paires de chaussures en croco.

Après la fusillade du Thélème, Gilbert Zemmour, en exil à Montréal, accusera les policiers de « génocide » contre sa famille et ira jusqu'à déposer une plainte contre eux. Quant à Edgard, qui ce jour-là s'en sort miraculeusement, il s'enfuit aux États-Unis… et demandera même l'asile politique ! Rien n'arrête les frères Zemmour quand ils s'estiment dans leur bon droit. En avril 1983, Edgard sera abattu de quatre balles de 11,43 dans sa villa de Miami, payant ainsi l'élimination du parrain corse Francisci reconduit au paradis des tueurs l'année précédente.

Trois mois plus tard, alors qu'il promène ses chiens, avenue de Ségur à Paris, Gilbert subira le même sort. La page du mythe Zemmour est définitivement tournée.

*
**

Les Corleone de Coppola, les Bettoun du *Grand Pardon* d'Alexandre Arcady, les Malanese du *Clan des Siciliens* de Verneuil, tous ressemblent plus ou moins aux frères Z. Ils ne craignent ni les tueurs, ni la mort.

« S'il y a une chose certaine sur terre, s'il y a une chose que l'histoire nous a apprise, c'est qu'on peut tuer n'importe qui », fait dire Francis Ford Coppola au Parrain.

Et donc être tué par n'importe qui, lui répondent en écho Roland, William, Gilbert et Edgard, les petits frères de Sétif qui n'auraient jamais dû débarquer à Paris, l'esprit de vengeance chevillé au corps.

L'ŒIL DE FRÉDÉRIC

« Les statistiques ont montré que le mot "mafia" est prononcé toutes les dix secondes dans l'ensemble des programmes de la télévision américaine », a dit Woody Allen. À mon avis, cela ne concerne pas que la télé américaine ! Certes, il y a beaucoup d'abus de langage, on confond souvent système mafieux et mafia ; mais il est vrai que lorsqu'on écoute attentivement les médias, on peut avoir l'impression que le monde est dirigé par la mafia ou plutôt les mafias sicilienne, calabraise, russe, chinoise, roumaine, bulgare, japonaise, serbe, albanaise… qui ont toutes plus ou moins des antennes à Paris, Grenoble, Nice, Marseille, mais aussi dans des villes auxquelles on pense moins comme Nantes, Toulouse, Strasbourg.

Attention ! Je ne pense pas non plus que la mafia soit 100 % de cinéma et de fantasme. Mais c'est surtout une source d'inspiration inépuisable pour créer des premiers rôles de yakuzas, de voris, de parrains en tout genre avec Christopher Walken, Warren Beatty, Viggo Mortensen, Joe Pesci sans oublier la trilogie sacrée, Brando, De Niro, Pacino – et, en plus *frenchie*, Jean Gabin et Roger Hanin. C'est d'ailleurs Roger Hanin qui incarne le héros du *Grand Pardon* d'Alexandre Arcady, le film inspiré de l'histoire des frères Z.

Parfois je me dis qu'on devrait faire plus de films sur les héros qui ont combattu la mafia, en général au prix de leur vie : le juge Michel, le juge Falcone, le général Dalla Chiesa. Et sur des femmes comme Carla Del Ponte ou Eva Joly.

On doit au clan Zemmour d'avoir importé le Far West au cœur de la capitale. Vous imaginez une fusillade en plein Paris et en plein jour, boulevard Saint-Germain ? Quand on fait ses premiers pas dans la mafia, souvent on y fait également ses derniers. C'est le cas des frères Z. Mais aucun d'entre eux n'a atteint la célébrité de Lucky Luciano, Vito Corleone, Meyer Lansky, Bugsy Siegel, Vito Genovese. Pas assez ambitieux ? Pas assez fous ? Pas assez organisés ? Pas assez méchants ?

Pas assez de connexions haut placées et de protections ? Pas assez de corruption de magistrats, de policiers et de personnalités politiques ?

Au vu de leur business, ils sont très conventionnels dans leur genre et leur empire se limite essentiellement à des quartiers de Paris. Avec eux, on ne touche ni au Vatican ni au reste du monde. Cela dit, ils tiennent vraiment leur clan, durent longtemps, et l'enterrement de leur chef est une preuve de réussite de leur entreprise mafieuse dont, comme toutes les entreprises mafieuses, les fonds propres sont toujours constitués d'argent sale.

6e ARRONDISSEMENT

SAMUEL

SCHWARTZBARD

Samuel Schwartzbard

Le vengeur de la rue Racine

Tuer un assassin, est-ce encore assassiner ?

L'homme qui fait feu sur le général Petlioura, le 25 mai 1926, s'est peut-être posé la question. Mais il n'a pas hésité.

« Voilà pour les massacres ! Voilà pour les pogroms ! »

Les cris de Samuel Schwartzbard couvrent presque les coups de feu qu'il tire en ce début d'après-midi de printemps, dans la tranquille rue Racine, près du théâtre de l'Odéon, dans le VIe arrondissement. Il est arrêté peu après.

Les jurés de la cour d'assises de Paris qui l'acquittent, après une plaidoirie exemplaire de son avocat Henry Torrès, le jugent non coupable à l'unanimité. Un vrai paradoxe pour un homme qui est fier de revendiquer son meurtre. Quoi qu'il en soit, il sort libre du tribunal. Sous les ovations du public.

En 1956, son homonyme à une lettre près, André Schwarz-Bart, obtiendra le prix Goncourt pour son roman *Le Dernier des Justes*.

L'homme qui nous occupe ici n'est pas écrivain ; il est horloger, originaire de Bessarabie, ancienne principauté de Valachie, quelque part entre le fleuve Dniestr et la rivière Prut, un endroit improbable qui semble tout droit sorti de l'album de Tintin *Le Sceptre d'Ottokar,* une région partagée aujourd'hui entre la Moldavie et l'Ukraine.

Le geste du tireur de la rue Racine n'est pas celui d'un vengeur narcissique qui règle un compte personnel ; ce jour-là, c'est toute l'histoire de son peuple qu'il prend à son compte, qu'il veut venger, et ainsi l'émanciper.

L'ange de la vengeance est sioniste et anarchiste. Trop jeune pour rencontrer Bernard Lazare mort en 1903, Samuel, qui se fait appeler Shlomo, serait sans doute devenu un ami et un fidèle du grand intellectuel, auteur en 1894 d'un livre pionnier : *L'Antisémitisme, son histoire, ses raisons.*

*
**

Les pogroms, « ces brèves explosions de violence d'une communauté contre un groupe juif qui vit au milieu d'elle-même », ainsi que l'historien Raul Hilberg les a définis, sont au cœur de notre histoire. Pogrom : voilà un mot que Jean Racine, l'auteur de *Esther* et *Athalie*, ces tragédies inspirées de l'Ancien Testament, ne connaissait pas. En Russie, depuis le règne du tsar Alexandre III – pensez à ce que cachent lions, nymphes et chevaux quand vous emprunterez le pont magnifique auquel on a donné son nom –, les pogroms reviennent régulièrement comme de sinistres oiseaux migrateurs. Dans les années 1880, une première vague frappe Odessa, Kiev, Balta. Balta… tiens, tiens, la ville où grandit notre héros. Une deuxième vague plus violente, en 1905, s'attaque à Kichinev, Jitomir, Bialystok. On connaît la suite : les *Einsatzgruppen* nazis prennent le relais, portant l'horreur à une dimension industrielle, écumant les villes et les campagnes, en Lituanie, en Lettonie, en Ukraine, pratiquant systématiquement la Shoah par balles.

En 1920, Schwartzbard s'installe comme horloger, boulevard de Ménilmontant. À l'époque, il n'est pas encore français, il ne sera naturalisé que cinq ans plus tard. Son métier d'horloger, il l'a appris et exercé dans la ville ukrainienne de Balta. Personne ne sait que, peu de temps auparavant, il était commandant d'une brigade de cavalerie juive, dirigée par un bolchevique. Sa vie, avant son exil en France, ressemble aux histoires de *Cavalerie rouge* ou des *Récits d'Odessa* d'Isaac Babel, le grand écrivain russe, juif et révolutionnaire comme lui, né à Odessa sur la mer Noire.

Nul ne connaît non plus l'autre versant de sa vie : avant de combattre avec l'Armée rouge, il a braqué des banques à Vienne. Arrêté et condamné aux travaux forcés par la justice autrichienne, il est parvenu à s'enfuir et s'est réfugié à Budapest où, à nouveau, il a monté des coups crapuleux et attaqué des restaurants, revolver à la main. Dès 1910, lors de son premier passage par Paris, il soutient à la fois la cause anarchiste et le combat sioniste.

Engagé dans la Légion étrangère, puisqu'il n'est pas encore naturalisé français, il se bat sur le front de la Somme. Blessé en Artois, le soldat Schwartzbard est décoré de la croix de guerre et démobilisé en 1917, les poumons perforés et un bras mutilé. Il décide alors de retourner en Russie avec sa femme.

*
**

Sans cesse, l'homme poursuit d'autres rivages, rêve d'autres terres, vivant d'amour et de luttes. Le couple embarque sur un bateau français, le *Melbourne* qui, au lieu d'accoster sur les quais australiens, les débarque dans le port d'Arkhangelsk sur les bords de la mer Blanche.

Arraisonné pendant la traversée « pour agitation communiste », Schwartzbard est livré aux autorités russes dès son arrivée à Arkhangelsk. Aussitôt libéré, il se rend à Petrograd pour s'engager dans la Garde rouge et part illico en mission avec un bataillon de la Tcheka en Ukraine. Peu à peu, il se rapproche de son destin. Pendant deux ans, il fait la guerre aux Armées blanches des généraux Wrangel et Denikine, aux bataillons de cosaques et aux armées nationalistes ukrainiennes de Simon Petlioura, l'homme qu'il tuera plus tard, rue Racine.

Durant toutes ces années, l'histoire travaille pour lui ; en secret, elle rapproche doucement de son pistolet Browning sa future victime, l'ataman Simon Petlioura dont les troupes ont torturé, violé, massacré environ cent mille juifs et tsiganes en Ukraine. Comme pour tous les crimes de masse, les statistiques divergent : certains chercheurs parlent de cinquante mille victimes, d'autres de cent vingt mille. Mais les faits sont là, têtus : les cosaques zaporogues ont tué à Orinin, Proskourov, Odorkhov, et plus ils étaient dominés, humiliés par les troupes rouges, plus ils se vengeaient sur la population juive ukrainienne. Devant l'ampleur des massacres, Petlioura fut même contraint de rétablir la peine de mort et de fusiller les cosaques les plus sanguinaires.

Étrangement, après la défaite, le général ukrainien déchu passe par les mêmes villes que son futur exécuteur, mais à des périodes différentes. Ainsi sa vie a-t-elle été prolongée par une heureuse discordance des temps. En février 1919, après la prise de Kiev par les troupes de l'Armée rouge, Petlioura s'exile en Pologne où il mène encore un temps la résistance avant de se replier à Vienne, Budapest, Zurich, Genève et Paris, enfin, en 1925. Paris qui sonne le glas pour lui.

Un an après son arrivée, sept balles tirées à bout portant mettent fin à son errance.

À son retour à Paris, en 1920, Schwartzbard n'avait ni sabre ni cheval mais n'avait rien perdu de son ardeur militante ni de la révolte qu'avait fait naître en lui le martyre de son peuple. Il était devenu activiste, confirmant ses engagements pour la cause juive et la cause ouvrière, côtoyant des émigrés russes de tous bords, anarchistes, révolutionnaires en rupture de ban, agents doubles ou triples, pacifistes, internationalistes, sionistes, terroristes, comploteurs, utopistes.

Le jour où il apprend par un ami que deux officiers de l'Armée blanche sont réfugiés à Paris, dont l'un est sans doute Petlioura, et que ces tristes sires se vantent publiquement d'avoir violé des femmes juives et sabré des hommes, il décide de passer à l'acte.

*
**

« Un jour, je me réveillai juif et c'était parce que le bruit du Browning de Schwartzbard avait retenti dans ma conscience. Puisque le petit horloger avait accompli le geste que j'aurais dû peut-être accomplir, mon devoir tranquille d'honnête homme me rangeait à ses côtés pour prendre avec lui les responsabilités lourdes et nécessaires de son geste », écrit Bernard Lecache, le journaliste qui suit le procès.

Tirant les conséquences de ce procès et prenant toute la mesure du geste du justicier de la rue Racine, Bernard Lecache fonde une Ligue contre les pogroms ; quelques mois plus tard, celle ci donne naissance à une autre, à la vocation plus universelle, la LICA, ou Ligue internationale contre l'antisémitisme. Ses statuts précisent qu'elle s'adresse à tous les hommes de bonne volonté, amoureux de la justice et prêts à défendre la dignité de l'homme, sans aucune discrimination de race, de religion ou d'orientation politique.

Nombreuses sont les fées qui se penchent sur son berceau, pratiquement tout ce que la France, patrie des droits de l'homme, compte comme nobles animaux à plumes ou à poils, politiques, intellectuels, savants ou artistes : Paul Langevin, Albert Einstein, Édouard Herriot, Léon Jouhaux, Léon Blum, la comtesse de Noailles, André Malraux, Romain Rolland. Combien faut-il donc d'inconnus martyrisés, disparus dans les fosses de l'histoire, pour que les têtes couronnées ou pensantes se réunissent et décident ensemble que jamais plus une telle indignité ne devra se reproduire ? Bientôt, pour donner un impact plus universel à son action, la LICA – Ligue internationale contre l'antisémitisme – deviendra la LICRA : Ligue internationale contre le racisme et l'antisémitisme.

*
**

Après son acquittement, Schwartzbard part pour la Palestine. Mais les autorités britanniques lui refusent son retour en Terre promise à cause de son passé trouble et criminel et, en 1937, il choisit une nouvelle terre d'exil, l'Afrique du Sud. Il rêve d'y mener à bien son grand projet d'écrire une encyclopédie en langue yiddish. La mort ne lui en laisse pas le temps, elle le surprend au Cap, un mois après son arrivée. Trente années s'écouleront avant que sa dépouille soit rapatriée en Israël. Aujourd'hui, à Beer-Sheva, une rue lui rend hommage, elle s'appelle « la rue du Vengeur ». Il reste d'ailleurs d'actualité puisque ses *Mémoires d'un anarchiste juif* ont été publiés en 2010.

Considéré comme héros de l'indépendance nationale, Simon Petlioura, qui est enterré au cimetière du Montparnasse, est toujours, pour bon nombre de ses compatriotes, une figure sacrée de l'Ukraine. Et beaucoup d'Ukrainiens continuent à croire et à dire que Schwartzbard était un agent bolchevique à la solde de l'odieux régime communiste.

*
**

En 1978, dans son discours de réception du prix Nobel de littérature, Isaac Bashevis Singer écrit : « Les fantômes aiment le yiddish et le parlent tous. Je ne crois pas seulement aux démons et aux autres esprits mais aussi à la résurrection. Je suis sûr qu'un jour des milliers de cadavres se lèveront de leurs tombes et la première question qu'ils poseront sera : quel est le dernier livre publié en yiddish ? »

Singer, non plus, n'a pas rédigé d'encyclopédie en yiddish, mais il a beaucoup écrit dans cette langue, et il nous rappelle ce savoureux fragment de conversation :

« Aucun roman ne doit être plus long que *Guerre et Paix*. Même *Guerre et Paix* est trop long. Si la Bible se composait de dix-huit volumes, il y a longtemps qu'on l'aurait oubliée.

– Mais… le Talmud a trente-six volumes, et les juifs ne l'ont pas oublié…

– Les juifs se souviennent trop, c'est notre malheur. »

Et pourtant, l'avenir appartient à ceux qui ont la mémoire la plus longue.

L'ŒIL DE FRÉDÉRIC

Il y a des cas où se faire justice soi-même est très tentant. Mieux vaut pourtant y résister parce que la loi du talion, c'est le début de la fin de la société. Cela dit, s'il n'y a pas de crime juste, il y a des crimes plus ou moins justifiés.

Je crois que celui de Schwartzbard en est un bon exemple. Bien sûr, l'homme n'est pas un saint. Avant son crime de la rue Racine, il a braqué des banques en Autriche, joué du revolver à Budapest. Il s'est plusieurs fois évadé de prison. Mais tous les braqueurs n'ont pas une partie de leur famille qui a disparu dans les pogroms en Ukraine, n'est-ce pas ? Certes, il attaque les banques et il a sans doute du sang sur les mains mais, avant tout, c'est un aventurier qui participe à la Révolution russe à la tête d'un bataillon de cavalerie, et dont le rêve de fin de vie est surprenant : rédiger une encyclopédie en yiddish, pas mal pour un simple horloger !

Pour moi, c'est surtout un juif errant, mi-poète, mi-comploteur, un militant de la cause sioniste qui devient anarchiste après avoir été communiste parce qu'il est révolté par la façon dont Lénine et les bolcheviks confisquent la révolution.

Sa vengeance me semble à la fois personnelle, car des cosaques de l'armée de Petlioura ont lâchement assassiné des membres de sa famille, mais c'est beaucoup plus qu'un règlement de comptes : c'est une affaire politique, raciale, peut-être aussi religieuse. S'il tue à bout portant le général responsable de nombreux pogroms, c'est en pensant d'abord à tout son peuple, le peuple juif, avant de penser à sa famille. Il est convaincu qu'il tue un antisémite notoire et d'ailleurs l'histoire lui donne raison puisque son crime a donné naissance à une Ligue anti-pogroms qui va devenir la Ligue contre l'antisémitisme. Celle-là même qui deviendra la LICRA, la Ligue contre le racisme et l'antisémitisme. On peut donc dire qu'il y a des crimes plus utiles que d'autres, même si je respecte les Ukrainiens qui font toujours de Simon Petlioura un héros national.

La vengeance est un plat qui se mange froid

En ce sens, Schwartzbard est un vrai gourmet, car il n'exécute Petlioura que dix ans après les crimes qu'il lui reproche !

7e ARRONDISSEMENT

AUGUSTE VAILLANT

Auguste Vaillant

Des clous au Palais-Bourbon !

« Messieurs, dans quelques instants vous allez me frapper mais en recevant votre verdict, j'aurai la satisfaction d'avoir blessé la société actuelle, cette société maudite où l'on peut voir un homme dépenser inutilement de quoi nourrir des milliers de familles, société infâme qui permet à quelques individus d'accaparer la richesse sociale. Las de mener cette vie de souffrance et de lâcheté, j'ai porté cette bombe chez ceux qui sont les premiers responsables des souffrances sociales. »

Ainsi parla Auguste Vaillant aux jurés de la cour d'assises de la Seine avant qu'ils ne le condamnent à mort pour avoir lancé une bombe dans le Palais-Bourbon. Le président Sadi Carnot refusa sa grâce. L'ouvrier fut guillotiné le 5 février 1894, à trente-trois ans.

Quatre mois plus tard, en représailles contre l'inflexibilité de Carnot, un anarchiste italien de vingt et un ans, Sante Geronimo Caserio, assassina le président de la République à Lyon en criant : « Vive la Révolution ! »

L'un vengeant l'autre dans une lutte à mort contre la République, la longue série des attentats anarchistes se poursuivit encore quelques années jusqu'à l'entrée de la France dans la Première Guerre mondiale qui mit tout le monde au pas.

⁂

Enfant, le petit Auguste a tout pour devenir un insurgé, un révolté, un indigné. Il ne peut pas encore savoir qu'il mourra la tête tranchée après avoir hurlé « Mort à la société bourgeoise, et vive l'anarchie ! », mais, nous, on s'en doute un peu. On n'échappe pas à son destin quand il vous montre si tôt le chemin.

Né en 1861 à Charleville-Mézières, comme Rimbaud qui dynamita la poésie plutôt que de faire exploser la Chambre des députés, il n'a que treize ans lorsqu'il se retrouve seul à Paris. Lui qui a été abandonné par ses parents va connaître les portes cochères et les égouts en guise de lit et de chambre d'hôtel.

Que peut faire un enfant si jeune et sans le sou dans la capitale ? Mendier, voler, voyager en train sans billet ou manger dans un bistrot en prenant la fuite au moment de payer l'addition. Parfois, on lui donne un peu de travail et il devient tour à tour apprenti pâtissier, cordonnier, ouvrier forgeron. Lorsque la police l'arrête pour de menus larcins, la justice le condamne seulement à quelques jours de prison, mais quand on a le ventre creux, même quelques jours suffisent pour attiser une bonne colère. Et de la colère à la rage puis de la rage à la haine, alors que se sentant exploité il a déjà commencé à fréquenter les milieux anarchistes, l'histoire est vite écrite.

Après son mariage et la naissance de sa fille Sidonie, Auguste décide de tenter sa chance en Argentine, dans la province du Chaco, proche du Paraguay. Trois ans d'exil plus tard, il rentre à Paris, plus pauvre et révolté qu'avant son départ. Les cercles anarchistes de l'époque vont confirmer, décupler sa fureur et lui donner les moyens de l'exprimer.

Dans la rhétorique anarchiste, l'heure est à la propagande par le fait. Et le fait, c'est par ce jeune ouvrier humilié, déclassé, qu'il arrive, ce 9 décembre 1893, dans le VIIe arrondissement, au Palais-Bourbon, où siège la Chambre des députés. Proudhon est mort il y a presque trente ans, Louise Michel, déportée en Nouvelle-Calédonie après la Commune, est rentrée en France en 1880. Elle a écrit ses Mémoires, mais reste sous étroite surveillance policière. Ravachol, lui, a été guillotiné un an plus tôt, en juillet 1892.

Quand Vaillant lance sa bombe de la tribune publique, au deuxième étage de l'Hémicycle, mille pensées explosent dans sa tête, comme cette pluie de clous qui s'abat une seconde plus tard sur des députés ou de simples citoyens venus assister aux débats parlementaires.

L'anarchiste, lui, ne croit pas aux vertus du débat parlementaire ; pour dissiper le mensonge démocratique, la grande illusion républicaine, il préfère la pluie de clous à celle des mots. Lui-même est blessé par des éclats de sa bombe, mais tant pis, il sait qu'il est juste de la balancer dans la foule, habité qu'il est de toutes ces pensées sans auteur ni maître, mais que chaque penseur anarchiste, français, italien, russe, allemand, espagnol, peut reprendre à son compte : « Tant qu'il n'y aura pas d'égalité économique et sociale, l'égalité politique ne sera que mensonge ; toutes les lois sont scélérates, les jugements iniques, les juges mauvais et les condamnés innocents, toutes les lois sont criminelles et oppressives car elles protègent les riches et les heureux du monde ; le fait de pouvoir élire librement des maîtres ne supprime ni les maîtres ni les esclaves ; la liberté ne peut être que toute la liberté ; l'opprimé a le droit de résister à l'oppression par tous les moyens ; le pouvoir ne doit pas être conquis mais détruit ; tout État est tyrannie et Dieu mérite l'enfer. » Le corpus anarchiste est immense et ouvert à tous. Chaque révolté peut s'y reconnaître et le faire sien.

Auguste n'est que le bras qui fait exploser ces pensées, et peu importe qu'elles soient de Louise Michel, Élisée Reclus, Kropotkine, Bakounine ou Proudhon. Les idées anarchistes, il ne les a pas dans la tête mais dans les tripes, c'est pourquoi elles débordent avec tant de violence. Des pensées comme autant de clous perçant la gorge, le nez, les oreilles des députés et des citoyens qui, ce jour-là, sont venus faire fonctionner leur démocratie chérie, celle pour laquelle tous ne sont peut-être pas capables de donner leur sang.

*
**

La bombe qui explose, « répandant, dans un grand éclair lumineux, une effroyable pluie de projectiles de toute sorte, clous énormes, morceaux de zinc ou de plomb » ainsi que l'écrivent les journalistes du *Figaro* et du *Petit Journal*, blesse mais ne tue pas. Pourtant, Vaillant sera condamné à la guillotine, le seul, depuis le début du siècle, à l'être sans avoir tué quiconque. Comme il le dira à son procès, la bombe n'était pas destinée à tuer mais à frapper symboliquement le cœur malade de la démocratie. L'argument n'a pas convaincu les jurés. À moins qu'ils n'aient estimé que la cible de Vaillant, « le cœur malade de la démocratie », ait été mortellement atteinte…

Parmi les députés gravement blessés, on compte l'abbé Lemire, député du Nord, qui intercédera en vue d'obtenir la grâce présidentielle pour l'apprenti criminel, et deux députés du Morbihan, le comte Lanjuinais et Albert Le Clech. Parmi les blessés légers figurent, entre autres, messieurs Dufaure, député de la Charente-Inférieure, Cousin, député de l'Hérault, de La Ferronnays, député de la Loire-Inférieure, Dumas, député de l'Ariège, Leffet, député d'Indre-et-Loire, et Lecoupanec, député du Morbihan.

Sans compter l'huissier de la Chambre, un ou deux sénateurs présents dans l'Hémicycle, le sous-préfet de Redon, un officier roumain en visite diplomatique et le président de la Chambre, Charles Dupuy, atteint au cuir chevelu par un clou ou un bout de métal.

« Messieurs, la séance continue », déclare ce dernier une heure après l'explosion, car « il est de la dignité de la Chambre et de la République que de pareils attentats, d'où qu'ils viennent et dont nous ne connaissons pas la cause, ne troublent pas les législateurs ».

La cause, monsieur le président de la Chambre ? Ou plutôt *les* causes de la bombe du jeune Auguste ?

Faites un petit effort, monsieur Dupuy, cherchez donc du côté du scandale de Panama qui, révélant la corruption de certains élus du peuple, a ébranlé les fondements de la IIIe République laïque et vertueuse. Allez donc voir aussi du côté de l'exécution de l'anarchiste Ravachol, l'année précédente. Faites aussi, monsieur le président de la Chambre, un petit détour par le souvenir encore frais de tous les sacrifiés de la Commune de Paris et pensez à la montée de l'exaspération sociale. Ne négligez pas non plus Jean Casimir-Perier, symbole de la haute bourgeoisie parisienne, nouveau président du Conseil, petit-fils d'un président du Conseil de la monarchie de Juillet, fils d'un ministre de l'Intérieur du gouvernement Thiers, le massacreur de la Commune.

*
**

La bombe artisanale de Vaillant n'a pas atteint la cible espérée. Ce sont de simples citoyens installés dans les tribunes qui ont été les plus touchés, à la tête, au visage, aux bras, aux jambes : un garçon boulanger, un rentier, une marchande de charbon en gros, un brigadier des forêts en Algérie, un marchand de vin, un cuisinier, un tailleur, un ingénieur civil, un commissaire à la Compagnie transatlantique, un concierge, un employé de commerce, un cultivateur, un ciseleur, un loueur de voitures, une étudiante en lettres.

« Vaillant était un souffrant, un malheureux depuis des années lourdes, il avait confiance en la vérité, l'avenir, la nécessité des idées anarchistes ou plutôt de ce qu'il en savait. Des évangiles trop simplistes l'avaient conquis, alors il a fait ce que ne feront jamais ni les sages ni les théoriciens des religions, il a frappé mais frapper est un tort », note le poète symboliste et critique d'art Gustave Kahn dans la revue *La Société nouvelle.*

*
**

Blessé par son projectile, Vaillant est arrêté et jugé dans les plus brefs délais. Son procès est expédié. On ne le juge pas pour crime de lèse-majesté puisque, depuis la monarchie de Juillet, cette notion a juridiquement disparu de notre Code pénal, mais c'est tout comme. Tacite, l'historien latin, considérait qu'il y avait crime de lèse-majesté dès lors qu'on portait atteinte à la grandeur du peuple romain. La sédition contre la plèbe, la trahison envers l'armée et la mauvaise gestion des affaires publiques étaient, à ses yeux, trois cas exemplaires de crime de lèse-majesté. Nul doute que Auguste Vaillant aurait été pleinement d'accord avec lui.

Aux aides du bourreau qui le ligotent avant de l'emmener vers l'échafaud, Vaillant murmure : « N'ayez pas peur, je n'ai pas l'intention de m'en aller ! » À 7 h 10, la tête de l'anarchiste tombe dans le panier. Relatant son exécution, *Le Progrès de Lyon* écrit : « Vaillant est mort courageusement, sans forfanterie, on pourrait presque dire, froidement. » Le chef de service de la Sûreté, lui, a raconté qu'en passant le porche de la prison Vaillant fredonnait une chanson… Dans sa dernière lettre, l'anarchiste a laissé des instructions pour que son corps soit donné à la science, mais le jour de l'enterrement, aucun représentant de la faculté de médecine n'étant présent, il a été inhumé dans le carré des suppliciés.

*
**

Dans les mois qui suivent l'exécution d'Auguste Vaillant, sous prétexte de sauvegarder l'ordre et les libertés publics, la Chambre des députés fait voter trois lois d'exception que l'opposition qualifiera de « scélérates ». La première fait de la provocation indirecte et de l'apologie du crime un délit qui donne au juge le pouvoir de mener une arrestation préventive ; la seconde encourage les citoyens à la délation et à la dénonciation de toute association de malfaiteurs ; la troisième interdit la propagande anarchiste et censure ses journaux.

Émile Pouget, fondateur du *Père Peinard* en 1889, s'exile à Londres pour que son journal continue à paraître. Dans un numéro de l'année 1900, on peut lire sous sa plume alerte son diagnostic de la société française : « Les Gallonards abrutissent nos fistons dans leurs casernes au point de les transformer en assassins de leurs paternels et de leurs frangins. Les Ratichons, qui rêvent de rétablir l'Inquisition, empoisonnent le pays avec leur cochonne de croix. Les Jugeurs qui distribuent l'injustice au gré des dirigeants sont patelins avec les gros bandits et teignes avec les mistoufliers. » Vocabulaire fleuri qui donne l'absolution aux révoltés et aux indignés de tout poil…

De la même façon, l'hymne anarchiste, *La Ravachole*, promettait, sur l'air de *La Carmagnole*, le son de l'explosion à tous les bourgeois bien nourris et autres magistrats vendus, financiers ventrus, sénateurs gâteux, députés véreux, généraux assassins et bourreaux.

Après son exécution, Auguste Vaillant devint le héros d'un nouvel hymne anarchiste qu'on appela *La Complainte de Vaillant.* L'ouvrier guillotiné aurait sans doute peu apprécié l'idée d'une complainte. La révolte et la plainte sont deux positions aussi éloignées l'une de l'autre que Charleville-Mézières de Panama.

Laissons donc Louise Michel, la communarde, avoir le dernier mot : « Debout, la honte est lourde et pesantes les chaînes. Debout, il est beau de mourir. »

L'ŒIL DE FRÉDÉRIC

Il porte bien son nom, cet homme-là. Car il faut quand même être sacrément audacieux, ou alors complètement irresponsable et inconscient, pour s'attaquer seul à la Chambre des députés. À moins qu'Auguste Vaillant ne soit désespéré par la démocratie, cette mère injuste qui, sous prétexte de représenter le peuple, représente surtout la société bourgeoise et ses intérêts économiques. Je pense que c'est le cas. D'ailleurs, c'est ce qu'il crie au moment où il lance sa bombe artisanale bourrée de clous : « À mort la société bourgeoise ! Vive l'anarchie ! » Sa bombe ne tue aucun des députés et, paradoxalement blesse plus de citoyens que d'élus. C'est évidemment une bombe symbole.

Vous imaginez, aujourd'hui, un ouvrier, un déclassé, un indigné, un désœuvré, un chômeur qui viendrait lâcher une bombe dans l'Hémicycle en pleine séance ? Paris, à l'époque, a le goût de l'émeute, la mobilisation sociale est quasi permanente. De nos jours, on se focalise toujours sur la bande à Bonnot parce qu'elle est spectaculaire et très médiatisée mais il ne faut pas oublier que, presque vingt ans plus tôt, la capitale vit dans un climat troublé, presque insurrectionnel. Les grèves sont monnaie courante, les accrochages entre syndicalistes et policiers aussi, tournant parfois aux combats de rues avec des forces de l'ordre qui répriment les manifestations dans le sang et la violence. La haine du flic, des indics et de tous ceux qui collaborent avec eux est largement partagée par les classes populaires dans de nombreux quartiers.

L'hymne anarchiste du moment s'appelle *La Ravachole*, du nom de l'anarchiste guillotiné en 1892 à Montbrison, dans le département de la Loire, et son refrain n'y va pas par quatre chemins : il promet le son de l'explosion aux magistrats vendus et aux financiers ventrus. En cette fin de XIXe siècle, ils sont légion à attendre « le grand soir », n'oublions pas que les ouvriers à la Belle Époque représentent environ 30 % de la population française et ils ont envie que la République les entende ! Et quand, pour se faire entendre, une partie des gens pense, hélas, à utiliser des bombes, la démocratie doit vraiment se poser des questions. Et se dépêcher de trouver les bonnes réponses.

8e ARRONDISSEMENT

LA MALLE

À GOUFFÉ

LA MALLE À GOUFFÉ

La pendaison d'amour

Votre maîtresse vient de passer tendrement la cordelière de son peignoir autour de votre cou. Vous croyez à une gentille mise en scène érotique ou à un délicat préliminaire. Mais dans deux minutes, vous serez mort. Pendu, haut et court.

Si vous croyez aux vertus érotiques de la strangulation, écoutez donc l'histoire de la jolie Gabrielle Bompard et du très inventif Michel Eyraud.

*
**

La scène se passe en juillet 1889, dans le boudoir d'un appartement sis dans une rue calme du VIIIe arrondissement, à proximité de la Madeleine.

Gabrielle, jeune femme voluptueuse et potelée, fidèle aux canons esthétiques de l'époque, danse langoureusement devant son amant. Son peignoir de satin et de dentelles ondule autour d'elle. C'est la danse des sept voiles au cœur de Paris. L'homme en face d'elle se délecte en fin connaisseur des splendeurs aperçues par l'entrebâillement du tissu et il songe aux plaisirs qui l'attendent.

Elle n'est pas Salomé, ni lui Hérode. Son admirateur d'un soir est un huissier de justice dont l'étude est située rue Montmartre. Blond, plutôt bien fait de sa personne, la cinquantaine respectable du bourgeois à l'apparence toute sage, Toussaint-Auguste Gouffé est en réalité un coureur de jupons, un homme volage, un séducteur, un libertin, un bourgeois désinhibé, un jouisseur, un maître cuisseur, un obsédé sexuel, nommez-le comme vous voulez, mais une chose est sûre : les jolies femmes le rendent fou. C'est sa faiblesse.

Quand il monte l'escalier derrière la jeune Gabrielle, il est loin d'imaginer que la mort peut avoir un si joli cul. Des escaliers, il en a grimpé plus d'un, la fréquentation des maisons closes fait partie de l'éducation sentimentale de l'époque et Gouffé s'y adonne avec frénésie. Pas un jour sans aller visiter ces dames. Cette fois, il se rend dans le charmant boudoir de la rue Tronson-du-Coudray.

Une rue discrète et méconnue du grand public, comme l'était Philippe-Charles-Jean-Baptiste Tronson du Coudray, un militaire français spécialiste de l'artillerie. En 1777, il avait embarqué au Havre pour l'Amérique avec quelques officiers et deux cents canons pour prêter main-forte aux troupes de George Washington dans sa guerre d'indépendance. Il ne mourut pas en héros emporté par un boulet de canon mais de manière plus prosaïque : son cheval prit peur un jour qu'il traversait une rivière en Amérique, sur un bateau plat. Le militaire fut précipité à l'eau et se noya.

Son frère Guillaume Alexandre, lui, devint célèbre pour avoir eu le redoutable honneur d'être l'avocat de Marie-Antoinette. Soupçonné de sympathie royaliste, il fut déporté en Guyane où il mourut un an après son arrivée.

*
**

En 1889, Gabrielle est la maîtresse de Michel Eyraud, un ancien légionnaire de quarante-six ans qui a combattu au Mexique, un aventurier de l'escroquerie qui se cherche encore un destin. L'homme est ruiné. Pour surmonter cette situation indigne de son rang et surtout de l'image qu'il a de lui-même, il va imaginer un plan tout simplement diabolique. Et diaboliquement simple, dont il sait qu'il marchera à tous les coups et dans lequel Gabrielle jouera un rôle central, le sien. Celui d'une fille à la cuisse légère, et que les scrupules n'effraient sans doute pas puisqu'elle accepte de participer au scénario de son amant.

Eyraud connaît bien l'huissier Gouffé. Quand on est dans le besoin, on se rapproche de ceux qui peuvent vous en sortir. Mais peut-être serait-il encore plus intéressant mort que vivant ? En le faisant disparaître, Eyraud pourrait mettre la main sur son argent, ses bijoux, ses coffres… Un huissier de justice, ça émarge à combien par mois ? Le plan est vite échafaudé, les acteurs sont en place.

Ayant eu vent de la réputation libertine du bonhomme, Eyraud lui présente sa jeune maîtresse de vingt ans. Le piège fonctionne mieux encore que prévu. Gabrielle passe et repasse sa langue sur ses lèvres, bombe la poitrine et cambre les reins. À la troisième œillade, l'huissier est conquis.

Pour mettre Gabrielle dans le lit de sa future victime, il ne reste plus à Eyraud qu'à lui annoncer officiellement sa rupture avec la jeune femme. Peu importe la raison, la première qui lui passe par la tête sera la bonne : « Vous savez, cher ami, à quel point les femmes sont vénales. Un peu de diversité sexuelle ne nuit pas au désir, la chair est faible, hélas, et à nos âges, n'est-ce pas, nous avons lu toutes les femmes. Ah, l'amour, comme dit Pascal, il tient à si peu de chose, sa cause est un "je ne sais quoi" et ses effets sont effroyables. »

L'huissier, par l'odeur du sexe alléché, persuadé que l'affolante Gabrielle est désormais libre, n'a plus qu'une idée en tête : en faire sa maîtresse. De son côté, elle se débrouille pour le croiser. Oh, cher ami, quelle surprise ! Le soir même, elle lui donne rendez-vous chez elle, rue Tronson-du-Coudray. Il y court.

***

Un rendez-vous galant, une escapade légère, un peu de chair et de mousseline de soie dans la vie très grise d'un honorable huissier et bon père de famille… Gouffé entrevoit déjà le septième ciel. Et il va y monter très vite, suspendu au bout de la cordelière du peignoir de sa jeune conquête.

Il ne voit rien quand elle la lui met autour du cou. Ravi, il continue à suivre le chaloupé de ses reins. Il suffirait qu'il lève les yeux pour découvrir qu'à présent la cordelière est reliée à une corde, elle-même passée dans une poulie au-dessus d'une tringle dissimulée par un rideau. Mais il est tout à son enchantement, attendant l'extase.

C'est là qu'entre en scène Michel Eyraud caché derrière le rideau et grimpé sur un escabeau. Il a déjà attrapé la corde, il ne lui reste plus qu'à sauter à terre pour tirer violemment. L'étreinte de la mort remplace celle de l'amour. Gouffé s'étrangle, se débat, sa main agrippe le rideau, découvrant Eyraud qui tire de plus belle. Une dernière convulsion et pour l'huissier c'est fini. Lui qui pensait monter au septième ciel s'est arrêté à trente centimètres du sol.

Le malheureux homme est délesté des quelques bijoux qu'il a sur lui et de la clef de son étude. Le légionnaire et sa courtisane courent rue Montmartre mais, après inspection minutieuse du bureau, ils ne trouvent rien, rien en tout cas qui justifie le stratagème érotique imaginé pour piéger la poule aux œufs d'or. Adieu le Pérou, adieu l'Eldorado !

Reste le cadavre, éternel et problématique, qui transforme le crime le plus simple en véritable casse-tête. Dans les affaires criminelles, c'est l'avenir du cadavre qui décide de la réussite ou de l'échec du forfait. Oui, tout se joue sur le cadavre, « ce produit fini dont nous sommes la matière première » ainsi que l'écrivait Ambrose Bierce, un brillant auteur américain.

Le cadavre, on peut le découper à la scie, le déposer dans une consigne à la gare, le passer à la moulinette, le dissoudre dans la chaux vive, le noyer, le larguer dans la mer des Sargasses, la seule mer sans rivages. On peut l'emmurer, le balancer à la déchetterie, le livrer aux flammes du fourneau. On peut le recycler en petites pilules hallucinogènes, le manger ou le donner aux chiens… Un jour, sans doute, on l'enverra dans l'espace, on le placera en orbite autour de Pluton, le dieu des Enfers.

Chacun fait selon ses goûts et ses possibilités. Mais il existe une règle à laquelle il ne faut pas déroger : ne surtout pas jeter un cadavre dans un fossé en se disant que la nature fera le travail à votre place. Elle ne le fait jamais complètement. À chacun ses responsabilités.

⁂

Les deux amants assassins ont enfermé le corps de Toussaint-Auguste Gouffé dans une grande malle en bois qui appartient à Gabrielle, et qu'ils ont achetée à Londres. D'où, plus tard, le nom de l'affaire dite de « la malle à Gouffé ». Le lendemain, ils prennent le train pour Lyon avec leur encombrant bagage. Un fiacre les emmène ensuite à Millery, une petite commune entourée de vignobles, un coin tranquille où personne ne les voit lorsqu'ils balancent le corps dans un buisson.

Erreur de débutants. Quinze jours plus tard, les habitants du secteur se plaignant d'être incommodés par une odeur pestilentielle, un cantonnier repère l'endroit où, la chaleur aidant, le corps est en pleine décomposition. Ce qui reste de l'huissier imprudent apparaît à ses yeux. « Un magma de chairs décomposées… je crois que c'est un humain », dira-t-il à la police.

Peu de temps après, un chasseur d'escargots tombe sur les débris d'une malle tachée de sang. La police parvient à faire le lien entre les deux découvertes macabres, mais la malle ne fournit aucune information supplémentaire.

Le commissaire parisien qui mène l'enquête sur la disparition de l'huissier de la rue Tronson-du-Coudray délègue sur place un de ses agents accompagné du beau-frère de la victime. Ce dernier ne reconnaît pas Gouffé, car le cadavre a des cheveux noirs alors que ceux du disparu étaient blonds. Scrupuleuse, la Sûreté parisienne chargée de l'enquête demande une contre-expertise au professeur Alexandre Lacassagne. Beaucoup ont attribué la naissance de la police criminelle à cette collaboration entre la police et le pionnier de l'anthropologie criminelle.

Médecin légiste, Alexandre Lacassagne est l'un des cofondateurs de la première revue de criminologie. Régulièrement, il quitte sa chaire de médecine légale à la faculté et son laboratoire pour inspecter les morgues et les prisons. Confronté au cadavre trouvé dans le buisson, il fait nettoyer à l'eau claire les cheveux trempés de l'humeur provoquée par la putréfaction et ces derniers reprennent leur couleur blond foncé. Ensuite, il mesure de nouveau le squelette au millimètre près : de 1,75 m il passe à 1,78 m, soit exactement la taille de l'huissier. Enfin, il repère une atrophie de la cheville gauche, mal dont souffrait Gouffé.

Le mort est identifié, il s'agit bien de Toussaint-Auguste Gouffé. Mais les coupables, eux, se sont évaporés. Ils ont déjà traversé l'Atlantique.

*
**

À Paris, l'enquête avance et remonte peu à peu jusqu'à Michel Eyraud, client aux affaires véreuses de Gouffé, dont on trouve étrange la disparition depuis la fin du mois de juillet, à la même époque que l'huissier. La malle a été reconstituée, morceau par morceau, et exposée un temps à la morgue de Paris, avec appel à témoins. Jusqu'au jour où un cuisinier anglais écrit au chef de la Sûreté Goron pour l'informer qu'il a hébergé un couple dont la malle ressemblait en tout point à celle du crime. Jour après jour, les signalements se multiplient et se recoupent. Deux noms remontent avec insistance : Michel Eyraud et Gabrielle Bompard.

Mais comment mettre la main sur eux sans preuve réelle ni mobile ? En espérant que les coupables, qui se savent recherchés – la presse a fait de l'affaire un véritable feuilleton –, se manifestent d'eux-mêmes.

Et contre toute attente, c'est ce qui arrive !

Vers la fin de l'année, deux lettres parviennent au préfet de police de Paris et au chef de la Sûreté ; l'une, de Gabrielle, vient de Montréal, l'autre, d'Eyraud, a été postée à New York. Les deux anciens amants nient respectivement en bloc toute responsabilité dans la disparition de l'huissier.

Seulement deux mois plus tard, la douce Gabrielle débarque sans crier gare dans le bureau du préfet de police Lozé et reconnaît qu'elle n'est pas étrangère à l'affaire. Mais elle balance son complice en en faisant le seul assassin de l'histoire. « Il m'a forcée, monsieur le préfet… »

Quand Lozé lui demande ce qui motive ce revirement subit, la jeune femme rosit et bat des cils : « C'est que je suis amoureuse, monsieur le… » Si la gamine ne lui inspirait pas tant de méfiance, il en sourirait, attendri.

L'histoire qu'elle raconte avec une spontanéité confondante le laisse rêveur. Elle vient de tomber amoureuse d'un aventurier français, celui-là même qu'Eyraud a projeté d'assassiner en rejouant exactement le même vaudeville macabre que celui de la rue Tronson-du-Coudray : séduire ce pauvre garçon et lui passer au cou la cordelière fatale.

Mais l'amour a ses raisons que le crime ne connaît pas. Elle a révélé à son nouvel amant les sinistres intentions de son ancien maître. « Fuyons l'Amérique, mon amour, partons au Canada ! » Seulement, une fois au pays de l'érable, son bel aventurier lui conseille de rentrer en France pour témoigner et purger ce passé qui lui colle à la peau. En bonne amoureuse, Gabrielle obéit et s'exécute.

Elle a mis tout son charme et sa séduction dans cette confession inattendue, mais si elle pensait ressortir libre du bureau du préfet, elle a fait preuve de naïveté. En attendant de coincer Eyraud, on la garde au chaud en prison.

À Paris, on ne parle plus que de l'affaire. Sur les trottoirs des quartiers populaires, des camelots vendent des petites « malles à Gouffé » : à l'intérieur, un pantin articulé rappelle la « pendaison d'amour » dont l'huissier a été victime. Au musée Grévin, on reconstitue le crime. Au spectacle, on rejoue les surprises du meurtre et de l'amour en mettant en scène l'histoire du boudoir. Dans les dîners mondains ou en famille, on ne parle que de mademoiselle Bompard, divine salope ou bécasse manipulée.

On ne sait d'ailleurs pas pourquoi la presse qui relate tous les détails du crime prend fait et cause pour Gabrielle. Pour elle, Eyraud est le seul responsable. Elle les a tous rendus fous !

* * *

Tandis que Paris glousse, la police travaille. L'inventeur de la pendaison d'amour est arrêté à Cuba alors qu'il pensait refaire sa vie sous une fausse identité. Pas facile de se cacher quand on fait régulièrement la couverture de *L'Illustration*, premier hebdomadaire français à publier des photographies en noir et blanc dans les années 1890. Il n'a pas eu de chance : deux commerçants français l'ont reconnu et ont signalé sa présence sur l'île.

Quand il débarque à Saint-Nazaire, sous étroite surveillance de la police, une foule avide « fête » son retour en hurlant qu'on le punisse. Et quand il sort du train à la gare Saint-Lazare, les Parisiens lui font un triomphe, imaginant déjà sa tête rouler sous la guillotine. Des centaines de personnes se pressent sur le quai pour le voir. Eyraud est terrifié, il refuse de descendre du train. Le chef de la Sûreté Goron doit pratiquement le traîner. Arrivé au 36, quai des Orfèvres, l'homme s'affale sur un fauteuil, épuisé, hagard. Il se regarde longuement devant un miroir et Goron l'entend murmurer : « Mon Dieu, comme j'ai changé… » Il semble, effectivement, que la vie soit passée comme un bulldozer sur l'escroc d'autrefois.

À son procès, le manipulateur retrouve sa vitalité et sa hargne pour charger sa complice, déclinant tous droits d'auteur dans l'invention de la cordelière magique. Peine perdue. En rentrant avant lui, elle a préparé le terrain et, désormais, elle a un coup d'avance. Le salaud c'est lui, la femme perdue c'est elle.

La justice a beau se vanter d'être rigide et incorruptible, ceux qui la rendent ont aussi leurs faiblesses. « Circonstances atténuantes », diront les juges. La douce Gabrielle les met tous dans sa poche et n'écope que de vingt ans de travaux forcés. Elle sortira au bout de treize ans, graciée par le président de la République Émile Loubet.

Le 3 février 1891, place de la Roquette, devant une foule immense, Michel Eyraud marche vers l'échafaud. Il est agité, nerveux. Jusqu'au bout, il ne décolérera pas que « la coquine » n'ait même pas pris perpète. C'est un certain Deibler qui l'entraîne vers la bascule pour actionner le couperet. Deibler, le bourreau dont les Parisiens clameront le nom dans les rues, quelques années plus tard, lors de l'affaire Soleilland, pour que la peine de mort soit maintenue. Et son boulot, par la même occasion.

L'ŒIL DE FRÉDÉRIC

C'est tout de même assez drôle de penser qu'un fait divers érotico-burlesque digne d'un film de Blake Edwards, d'une production des frères Coen ou de Woody Allen, a donné naissance à la police scientifique ! Dans cette version criminelle de *Comédie érotique d'une nuit d'été*, l'assassin n'a rien d'un tueur en série, d'un terroriste fanatique ou d'un dangereux psychopathe.

Le crime est vraiment partout, même dans les boudoirs et, savamment utilisée, une délicate petite cordelière de robe de chambre peut devenir aussi redoutable qu'une Kalachnikov ! Michel Eyraud est un aventurier, un arnaqueur, un escroc, un manipulateur tel qu'il convainc sa jeune maîtresse de plonger dans le crime pour toucher le pactole et refaire sa vie en Amérique.

Pour moi, cette affaire est le prototype du crime amateur avec tous les ingrédients pour fabriquer un fait divers à sensation : du sexe, du sang, un corps coupé en morceaux caché dans une malle abandonnée à la sauvette, sans oublier le décor idéal du boudoir dans le quartier cossu et respectable du VIIIe arrondissement de Paris. Un peu la version fin XIXe siècle de *La Philosophie dans le boudoir* de Sade.

Avec cette célèbre malle à Gouffé, on hésite un peu entre le vaudeville et la farce tragique parce qu'on a du mal à prendre les protagonistes au sérieux : l'huissier qui a réussi et qui joue au grand seigneur libertin, la jeune maîtresse qui joue de la cordelette et le cerveau diabolique qui, en fait, est le dindon de la farce. Pourtant, c'est bien cette histoire rocambolesque qui a permis au professeur Alexandre Lacassagne, un des premiers grands médecins légistes, de démontrer la pertinence de l'anthropologie criminelle, science qu'il a contribué à créer et à développer jusqu'à sa mort en 1924.

La vérité est dans le cadavre et il est du devoir de la science de le faire parler en l'analysant dans le moindre recoin du corps, des viscères et des organes, pense cet expert, spécialiste des morgues et des autopsies. Avant de proposer des hypothèses, il faut voir le cadavre de ses propres yeux ; « voir de ses propres yeux » est d'ailleurs le sens étymologique du mot autopsie. Avec Lacassagne, le mort devient enfin utile. « Les sociétés ont les criminels qu'elles méritent », avait l'habitude de dire ce pionnier.

9e ARRONDISSEMENT

HENRI DÉSIRÉ

LANDRU

Landru

Le *serial lover* assassin

Sait-on jamais où va une femme quand elle vous quitte
Qui disait cela
C'est c'que tu n'as jamais su
Sait-on jamais où va une femme quand elle vous quitte
Moi je le sais c'est
au cours d'son procès
Landru

Voilà ce que chantait Gainsbourg, fasciné comme beaucoup d'autres artistes par la personnalité brillante et perverse du tueur en série.

Henri Désiré Landru restera dans l'histoire comme l'inventeur de l'escroquerie au mariage, de dimension industrielle. Lui sait où vont les femmes lorsqu'elles le quittent : au fourneau.

*
**

Quand on vient le chercher dans sa cellule pour le guillotiner devant la prison de Versailles, l'homme de cinquante-deux ans refuse le prêtre, la dernière cigarette et le petit verre de rhum. « Mauvais pour la santé… » aurait-il grommelé. S'il faut en finir, finissons-en.

« Faisons vite… », lui fait même dire Claude Chabrol dans son film où Charles Denner joue Landru. Et quand, dans un ultime tête-à-tête, au pied de l'échafaud, son avocat lui demande s'il a vraiment tué dix femmes, l'assassin déclare qu'il ne souhaite pas lui répondre, préférant garder son « petit secret comme bagage pour l'au-delà ».

*
* *

Suffit-il d'être un comptable modeste et cupide, né à la fin du second Empire, et d'avoir un père qui se suicide deux ans avant la Première Guerre mondiale pour devenir Landru ?

À chacun sa spécialité : Thierry Paulin traquera plus tard les vieilles dames, Henri Désiré Landru élimine les jeunes veuves. Les unes et les autres sont vulnérables mais pas pour les mêmes raisons : tandis que les premières attendent la fin, souvent avec autant d'impatience que d'effroi, les secondes cherchent à refaire leur vie. Prête à croire au grand amour comme à une seconde chance, ou aspirant à une vie confortable, la veuve se vit comme une éternelle jeune fille à laquelle les épreuves et les contrariétés auraient donné un peu d'esprit. Et, plus particulièrement, la veuve en temps de guerre.

Ces femmes, Landru les recrute sur les réseaux sociaux de l'époque, c'est-à-dire les petites annonces matrimoniales des journaux.

Il avance masqué, s'invente des pseudonymes : messieurs Cuchet, Dupont, Frémyet, Guillet sont une seule et même personne. Ces noms banals et bien français cachent celui à qui la presse de l'époque a trouvé une nouvelle identité haute en couleur : le Barbe-Bleue de Gambais.

Mais qui est vraiment Landru ? D'abord un prénom légèrement désuet, Henri Désiré, aux consonances douces comme une caresse. Un homme passe-partout plus que passe-muraille, un parfait rentier, un employé modèle, un petit bourgeois apparemment honnête et simple, un épargnant scrupuleux, gris souris, poli, délicat, qui compense la tiédeur de sa vie par une passion folle pour ses rosiers.

Bon mangeur, bon vivant et joyeux drille, il ne perd jamais son sens de l'humour. C'est aussi un père respecté auquel obéissent sans rechigner ses quatre enfants, Henriette, Maurice, Suzanne et Charles.

Un type normal, quoi.

*
**

Le fauve à la froideur insondable commence son épouvantable carrière comme petit escroc dans les années 1900. Il y a eu un Landru avant Landru.

Il est né dans le XIXe arrondissement, d'une mère couturière et blanchisseuse et d'un père chauffeur dans une fonderie. Enfance sans relief particulier. Dans son école religieuse, il est plutôt bon élève, sans fulgurances. Un temps, ses parents ont même pensé qu'il ferait un bon prêtre.

À vingt-quatre ans, de retour du service militaire, le jeune garçon se marie et s'offre une maîtresse régulière, comble de la normalité bourgeoise, une femme à qui il ne promettra jamais le mariage, lui épargnant ainsi le fourneau de sa garçonnière.

Jusque-là, rien à signaler chez lui de monstrueux. Rien ne semble prédisposer Henri Désiré à piéger toutes ces veuves dans les villas isolées qu'il loue d'abord à Vernouillet, puis à Gambais en Seine-et-Oise où il bichonne ses arbustes fleuris. Mais, de la même façon, qui aurait pu deviner que Gilles de Montmorency-Laval, seigneur de Machecoul et de Tiffauges, deviendrait l'abominable Gilles de Rais, l'écorcheur d'enfants, alors qu'il s'était battu pour Charles VII au côté de Jeanne d'Arc ?

Certes, si l'on y regarde de plus près, Henri Désiré n'est pas un comptable comme les autres. Il reconnaîtra n'avoir eu aucune passion pour ce métier de gratte-papier, qui ne fut d'ailleurs pas l'unique profession du jeune homme. Landru avant Landru est un jour petit entrepreneur, le lendemain cartographe, le surlendemain brocanteur ou fabricant de bicyclettes à pétrole. Mais c'est surtout un escroc et trafiquant polymorphe, toujours prêt à imaginer comment duper et bluffer son prochain afin d'accaparer ses biens. Ce qui ne marche pas à tous les coups. Entre 1904 et 1914, il est condamné sept fois pour escroqueries et abus de confiance.

Dès 1909, il se sert d'une petite annonce matrimoniale pour abuser une femme, lui faire croire au mariage et, s'étant fait remettre une procuration, détourner ses titres en toute confiance. Il tient enfin son idée d'entreprise. Il ne lui reste plus qu'à la faire prospérer. La misère sentimentale et les économies – petites ou grandes – des veuves feront son succès. Désormais, elles vont défiler dans sa jolie propriété en toute innocence.

Il se fait généralement passer pour un homme relativement aisé, ce qui fait rêver les plus pauvres, mais il peut aussi, pour séduire ses victimes un peu plus fortunées et endormir leur vigilance, prétendre être un petit industriel de l'Est dépossédé de son usine et de ses biens par l'ennemi. On l'écoute, on le plaint, on le regarde avec un peu plus d'attention. Ses mains délicates l'apparentent plus au musicien et à l'orfèvre qu'à l'égorgeur et à l'équarisseur. Son élégance sobre et soignée rassure. Son vocabulaire est choisi et sa prose charmante. Il connaît un peu de poésie, suffisamment pour promener ses futures victimes dans les parcs de Paris en évoquant avec douceur et nostalgie le vert paradis des amours enfantines. La poésie est efficace pour attendrir la chair et faire oublier, le temps d'un flirt, l'honneur perdu de la patrie !

*
**

Rien ne vient perturber le *serial lover* assassin jusqu'au jour où le maire de Gambais reçoit plusieurs lettres de la même eau : une femme s'inquiète de ne plus avoir de nouvelles de son amie Anne Collomb qui lui a fait part de son installation à la campagne après son mariage avec un certain monsieur Dupont ; une autre sollicite à son tour l'édile pour s'enquérir du sort de sa sœur, Célestine Buisson, qui est aux abonnés absents depuis son idylle avec un certain monsieur Frémyet. Le maire confronte les deux témoignages en faisant se rencontrer les familles. Il ne leur faut pas longtemps pour comprendre que Frémyet et Dupont ont le même visage. Les deux familles portent plainte contre X devant le parquet de la Seine.

L'affaire est instruite, la traque commence. Sans succès jusqu'au jour où la parente d'une disparue reconnaît le don Juan comptable, rue de Rivoli, en train d'acheter de la vaisselle. Il est arrêté le lendemain à son domicile, rue de Rochechouart, dans le IXe arrondissement. Dans un premier temps, il n'est accusé que d'escroquerie et d'abus de confiance.

Mais en épluchant son carnet de comptes, les policiers identifient, parmi l'immense inventaire des prétendantes pressenties, les noms d'une dizaine de femmes portées disparues. L'inculpation pour meurtres s'ensuit.

Au cours de la perquisition dans ses gentilhommières de Vernouillet et de Gambais, les enquêteurs découvrent des os calcinés, des dents, des agrafes, des morceaux de corset, des bouts de chaussure, un véritable petit défilé de mode macabre. Adieu Berthe, Célestine, Marie-Angélique, Louise-Joséphine, Anne-Marie et Marie-Thérèse. Adieu veuves éplorées, adieu divorcées imprudentes. Adieu couturière, secrétaire, gouvernante, tenancière. Adieu, petites amoureuses.

Sans doute à sa manière les a-t-il bien aimées, ces charmantes… Dans une lettre au juge d'instruction, Landru écrira : « Ma vie entière peut attester du culte délicat que j'ai toujours professé pour la femme, cet être d'une exquise sensibilité et d'une grâce parfaite. »

Les carnets de comptes regorgent d'informations. On y retrouve, méticuleusement consignées, les dépenses pour les scies à métaux et à bois, les noms des cœurs amoureux associés à des heures de la journée. Heure du crime ou heure de l'amour ? Et surtout, on retrouve les reçus des billets de train Paris-Vernouillet ou Paris-Gambais : un aller simple pour ces dames et un aller-retour pour l'attrape-cœurs.

*
**

À son procès, Landru ne montre ni haine, ni ressentiment, aucune des passions négatives et tristes qui embarrassent la personnalité de nombreux assassins. Sa sérénité apparente étonne.

Comédien, méticuleux, serein – « Pourquoi perdrais-je mon calme alors que je vais perdre ma tête ? » s'exclame en pleine cour d'assises monsieur Verdoux interprété par Charlie Chaplin –, Landru donne du plaisir aux journalistes, aux femmes, aux stars qui suivent son procès. Mistinguett, le prince héritier de Perse, Maurice Chevalier, Raimu n'en perdent pas une miette. Il y a chez certains une jouissance morbide à parler de lui et de ses crimes. Les mornes Bovary de la petite bourgeoisie éprouvent de délicieux émois en songeant à ce séducteur à la barbe soigneusement fleurie. En prison, il recevra de nombreuses lettres d'amour venant de femmes qui savent pourtant ce qu'il a fait subir à une dizaine de leurs semblables.

L'écrivain Colette, qui assiste aux débats, a croisé le regard hypnotique de l'assassin : « Il prend cette langueur, ce dédain insondable qu'on voit au fauve encagé », écrit-elle.

Au cours des vingt et une audiences et devant les cent cinquante-trois témoins convoqués à la barre, l'accusé reste rationnel et méthodique. Un comptable au sang-froid qui se concentre, provoque, plaisante, met les rieurs de son côté. « Si les femmes que j'ai connues ont quelque chose à me reprocher, elles n'ont qu'à déposer plainte ! » reste un de ses bons mots les plus célèbres.

Certains verront en lui la figure anticipatrice du criminel de la société du spectacle, d'autres la répétition encore artisanale du crime de masse des régimes totalitaires à venir.

Au président de la cour qui lui demande s'il pleure, Landru réplique : « Oui, je pleure, je me repens, j'ai des remords car avec tout le scandale fait autour de mon nom, on a appris à ma pauvre femme que je l'avais trompée. » Humour noir ou dernier trait d'amour sincère ? Avec lui, on ne sait jamais.

À l'ouverture de son procès, le 7 novembre 1921, la lecture de l'acte d'accusation dure trois heures, la plaidoirie presque cinq. Trois mois plus tard, le président de la République Alexandre Millerand ayant refusé sa grâce, Landru est guillotiné devant la prison de Versailles.

***

« Toutes les femmes sont fatales : on commence par leur devoir la vie, elles finissent par causer notre perte. » Cet aphorisme d'Antoine Blondin, sec comme le couperet qui décapitera le Barbe-Bleue de Gambais, aurait pu être l'épitaphe de la tombe de Landru, au cimetière des Gonards à Versailles, si le législateur n'avait interdit toute inscription de crainte de susciter de nouvelles passions ou de réveiller de vieux démons.

L'Œil de Frédéric

Pionnier, intelligent, méticuleux, prudent, avec Landru le crime paie et paie longtemps. Et sa légende est éternelle, car comment oublier le sourire triste de Charles Denner séduisant ses victimes au jardin du Luxembourg dans le film de Chabrol, ou les morceaux de bravoure de Charlie Chaplin à son procès dans *Monsieur Verdoux* ?

Je ne le vois pas du tout en ogre sauvage et médiéval, en Barbe-Bleue moderne, mais comme un petit comptable rigoureux qui gère son entreprise criminelle de la façon la plus rationnelle du monde. D'ailleurs, ce sont ses carnets de comptes et ses cahiers dans lesquels il consigne ses dépenses, ses billets de train, ses horaires, qui le trahissent.

Landru, Henri Désiré – un prénom magnifique et surtout de circonstance – détourne l'annonce matrimoniale à ses fins prédatrices et criminelles. Aujourd'hui, il serait sans doute le roi des réseaux sociaux, il recruterait sur Internet. Le comptable criminel, le gentil monsieur soigné sélectionne patiemment ses victimes. La veuve ne doit être ni trop riche, ni trop éduquée, ni trop libre, elle aurait alors bien trop de moyens de se défendre et de ne pas être dupe de l'imposture. La femme indépendante, quelle horreur ! Mieux vaut qu'elle soit un peu perdue, isolée, en mal d'amour et de confort, un peu déclassée, pas trop cultivée, pas trop sociable, crédule, fleur bleue. La femme de ménage avec un modeste pécule ou la petite rentière qui rêve d'une jolie gentilhommière près de Paris, voilà la femme idéale !

Même à son avocat, juste avant de monter sur l'échafaud, il n'avoue pas le nombre de ses victimes, préférant garder pour lui ce qu'il appelle tendrement son bagage pour l'au-delà. D'autant plus qu'il reste sans doute le seul à avoir vu les cadavres et, comme dit le maître d'hôtel dans la pièce de Jean Anouilh, *Le Voyageur sans bagage* : « Si j'en crois les romans policiers, il ne faut jamais laisser de cadavre derrière soi. »

Officiellement, on le condamne pour dix meurtres de femmes, mais dans sa tête programmée pour le crime en série, il en a probablement tué plusieurs centaines… Et il aurait pu le faire. Le cynisme, la vanité et le dédain dont il a fait preuve à son procès montrent que rien ne l'aurait arrêté. N'a-t-il pas déclaré : « Si les femmes que j'ai connues ont quelque chose à me reprocher, elles n'ont qu'à déposer plainte » ?

10e ARRONDISSEMENT

THIERRY

PAULIN

Thierry Paulin

Le sang des vieilles dames est soluble dans le champagne

Depuis octobre 1984, celui dont un enquêteur dira « Il tuait comme on va au bureau » opère dans le quartier de Montmartre. C'est un prédateur particulier. Sa spécialité : la vieille dame, de préférence à la silhouette menue.

Germaine, rue Lepic, quatre-vingt-onze ans. Suzanne, rue Nicolet, quatre-vingt-neuf ans. Anna, rue Saulnier, quatre-vingt-trois ans. Alice, rue Marc-Séguin, quatre-vingt-quatre ans. Marie, rue Pajol, quatre-vingts ans. Jeanne, rue Armand-Gauthier, quatre-vingt-deux ans…

À son tableau de chasse, qui dépassera largement le périmètre de Montmartre, dix-neuf femmes âgées battues, torturées avant d'être assassinées. Des êtres vulnérables qu'il surnommait respectueusement : « mes cartes bleues ».

Ce cynisme, c'est la signature Thierry Paulin.

Il les torture, les égorge, les étouffe avec un sac en plastique, les étrangle, va jusqu'à leur faire avaler de la soude caustique.

Ses proies sont fragiles, sans défense, le butin est parfois dérisoire, entre deux cents et cinq cents francs, et la prise de risque quasi nulle.

Thierry Paulin est un prince de la nuit. Un très jeune homme à la boucle d'oreille et aux cheveux d'ange peroxydés qui tranchent avec sa peau sombre. Chaque soir, au Palace de la rue du Faubourg-Montmartre, le temple de la fête des années 1980 où l'on croise Karl Lagerfeld, Patrick Dewaere, Thierry Le Luron, Mick Jagger, Pierre & Gilles, il invite ses amis, flambe, charme, s'impose comme l'une des grandes icônes gays de la nuit.

En avril 1989, il meurt des suites du sida à l'hôpital pénitentiaire de Fresnes. Jean-Thierry Mathurin, son complice et ancien amant, accusé d'être le coauteur de sept assassinats, sera condamné à perpétuité avec une période de sûreté de dix-huit ans.

*
**

Enfance massacrée, père absent et mère trop jeune pour s'occuper d'un bébé, troubles de la personnalité diagnostiqués très tôt… il y a des constantes, dans l'histoire des assassins et des meurtriers. Paulin n'échappe pas à la règle.

Né en 1963 à Fort-de-France, d'une mère martiniquaise âgée de dix-sept ans et d'un père blanc qui se carapate deux jours après sa naissance, il est confié à sa grand-mère qui tient un restaurant à L'Anse-à-l'Âne. Mamie n'a guère le loisir de s'en occuper, son travail l'accapare, les clients d'abord, les bisous au petit après… quand elle aura le temps. Donc, jamais.

Quelques années plus tard, sa mère le récupère chez elle, puis son père à Toulouse. Thierry a douze ans. Le grand écart entre le soleil de l'île et la Ville rose le perturbe, et le rose pisseux de la cité où il vit ne lui vaut rien. L'ambiance à la maison est tendue et c'est dans la rue qu'il va promener son oisiveté et son malaise. Ce qui aurait pu être une chance est un échec : ni en Martinique ni à Toulouse, il ne parvient à intégrer le noyau familial recomposé de demi-frères et sœurs.

Il traîne, s'essaie à la coiffure mais n'ira même pas jusqu'au CAP. Thierry a déjà envie de s'amuser. Il rentre de plus en plus tard à la maison et les engueulades avec son père se multiplient. Du coup, l'armée lui paraît être un bon compromis : là-bas il sera nourri, logé… et occupé. Devançant l'appel, il se retrouve, à dix-sept ans, coiffé du béret vert des parachutistes. Là, il est confronté à deux écueils insurmontables auxquels il n'avait pas pensé en s'engageant : le racisme et l'homophobie. L'homosexualité et l'armée, deux mots qui cohabitent mal, le jeune Thierry va le découvrir à ses dépens. Et ce n'est pas le poste de coiffeur qu'on lui attribue au sein de l'institution militaire qui va arranger les choses… On se moque de lui, on l'agresse, l'ambiance de la caserne lui semble irrespirable. Très vite, la violence va devenir un exutoire à ses souffrances.

En 1982, âgé de dix-neuf ans, Paulin attaque au couteau « sa » première vieille dame, une épicière, pour lui voler sa caisse. Mauvais début : il est reconnu et dénoncé. Premier casier judiciaire, premier jugement au tribunal correctionnel de Toulouse, première peine : deux ans de prison avec sursis.

Le jeune Thierry tente alors de se racheter une conduite, et peut-être une vie, en intégrant l'École des fusiliers marins de Lorient. L'essai n'est pas concluant, même s'il en sort « matelot breveté ». La marine, ce n'est pas pour lui, cette fois il l'a compris. Il quitte Lorient et décide de revenir à Nanterre et de loger chez sa mère. Entre eux deux, le passif est immense et les tensions s'installent, redoublant d'intensité certains soirs. Il faut qu'il parte, et vite.

Paris l'attend.

*
**

Rastignac version glauque, Paulin rêve de devenir le prince de la ville. Le chemin pour y parvenir passera par la nuit, l'exhibitionnisme, le travestissement, la prostitution. Le Paradis latin, rue du Cardinal-Lemoine, le sauve de la rue. Il se voyait danseur de cabaret, il n'est que serveur et plongeur. Son numéro de danse sur des chansons d'Eartha Kitt ne sera jamais monté. « Je cherche un homme… » chante Miss Kitt, « il n'a pas besoin d'être un millionnaire, ni même une grande lumière, je veux juste qu'il donne son maximum ». Paulin n'a pas un sou mais son maximum, il est tout à fait capable de le donner. Ailleurs. Dans le mensonge, la flambe, la folie des grandeurs. Quand on lui demande ce qu'il fait au Paradis latin, il prétend qu'il appartient à la troupe des danseurs. Jour et nuit, il rêve les yeux ouverts.

C'est peut-être à cette époque que le sida pose sur lui son empreinte vénéneuse ; le sida, qu'on découvre à peine et qu'on appelle la maladie des « 4 H » : Homosexuel, Héroïnomane, Hémophile, Haïtien. Si Paulin n'est pas haïtien il est probablement héroïnomane, toxicomane en tout cas, et incontestablement homosexuel. Et le Paradis latin est le royaume des gays. Un soir, il croise Jean-Thierry Mathurin, prostitué occasionnel et toxicomane comme lui, dont l'enfance et le destin familial ressemblent étrangement au sien. Paulin en tombe fou amoureux. Les deux amants de la nuit quittent bientôt le cabaret de la rue du Cardinal-Lemoine et Thierry se produit dans un numéro de travesti au Rocambole, à Villecresnes, dans le Val-de-Marne.

Parallèlement, ils se lancent dans le business du crime crapuleux. Repérant des vieilles dames à la poste ou au marché, ils les suivent jusque chez elles. La ruse est infaillible car les deux garçons se montrent souvent très prévenants, avec des mots gentils qui font mouche à chaque fois : « Bonjour madame, puis-je vous porter votre cabas ? Permettez-moi donc de tirer votre Caddie qui a l'air bien lourd pour vous… »

Rue du Château-d'Eau, rue Censier, rue de Charenton, rue Lacaze, rue Cail, rue Sarrette, le stratagème simple mais diabolique fonctionne. Les hommes suivent ou accompagnent leurs victimes, les poussent à l'intérieur de l'appartement une fois la porte ouverte et la referment pour pouvoir les battre et les tuer ensuite en toute tranquillité. Dix-neuf femmes y laisseront la vie. Une grande partie dans le XVIIIe arrondissement. On imagine la psychose dans le quartier…

En 1984, Paulin agresse sa mère qui refuse de lui payer une opération de chirurgie esthétique destinée à effacer une cicatrice sur sa lèvre. Rompant avec elle, il s'installe avec Jean-Thierry dans une chambre d'hôtel rue Victor-Massé, dans le IXe arrondissement, à l'abri des rondes de police qui se cantonnent au secteur le plus touché.

Ils mènent alors tous les deux la vie parisienne, version night & gay, de l'opéra bouffe d'Offenbach. Vêtements de luxe, alcool, drogue, l'argent glisse entre leurs doigts. Passé minuit, il n'a plus d'odeur.

Après un bref retour à Toulouse où son père le rejette à nouveau, Paulin remonte à Paris, mais seul cette fois : l'ambiance délétère de Toulouse a eu raison de sa relation avec Jean-Thierry. Désormais, pour ses activités meurtrières, il agira en solo. Tous arrondissements confondus pour mieux brouiller les pistes.

Paulin a un nouveau métier. Il est agent de photographes et de mannequins. Toujours le monde de la nuit. Et il continue à tuer et à faire la fête. Pour lui, le sang est soluble dans le champagne.

On l'appelle toujours « le tueur du XVIIIe arrondissement », même s'il en a depuis longtemps dépassé les frontières. Trois assassinats dans le XIVe arrondissement, puis trois autres dans le XIe, le XIIe et le Ve. La liste s'allonge et n'est pas close.

Mais c'est dans le Xe arrondissement que se termine sa sinistre carrière. Son avant-dernier crime tourne mal : sa victime, qu'il a laissée pour morte, survit et donne son signalement à la police : un grand métis aux cheveux blonds décolorés, « coiffé comme Carl Lewis ».

La machine policière s'emballe aussitôt.

Son portrait-robot se trouve bientôt affiché dans tous les commissariats de Paris. Le 1er décembre 1987, le commissaire Jacob discute avec des commerçants du quartier près du commissariat de la porte Saint-Denis. Tout à coup, son regard croise celui d'un jeune métis. Se fiant à son flair, il l'interpelle et le conduit au commissariat pour une vérification d'identité de routine.

Pour Paulin, la fête est finie.

Incarcéré à Fleury-Mérogis, il néglige sa défense mais prend le plus grand soin de ses nœuds papillons et de ses chemises blanches. Il ne pense qu'à son image. Si, comme dit Baudelaire, le dandy est celui qui aspire à être sublime sans interruption, à vivre et dormir devant un miroir, alors Thierry Paulin est un dandy. Crapuleux, sordide, monstrueux, mais un dandy.

En prison, il achète tous les journaux qui le montrent en couverture et collectionne les articles dont il se pense le héros, Narcisse obsédé par l'image que la presse renvoie de lui.

Deux ans plus tard, la gravure de mode a achevé son parcours de luciole. Thierry Paulin n'est plus qu'un corps décharné qui agonise au quartier médical de Fresnes. Il y a longtemps qu'on ne parle plus de lui dans les journaux et, de toute façon, il ne pourrait pas les lire : le sida l'a peu à peu privé de la lumière du jour et il délire en permanence. Il meurt avant d'atteindre sa vingt-sixième année et d'être jugé.

*
**

Le nom de Thierry Paulin demeurera dans les mémoires comme celui d'un jeune homme sans scrupules, pressé de vivre, fasciné par l'argent et la célébrité, cristallisant les fantasmes des années 1980.

En même temps, et bien malgré lui, il laisse, avec Guy Georges, une grande œuvre posthume : le Fichier automatisé des empreintes digitales, qui permettra de sauver des vies et de retrouver des meurtriers.

En effet, on aurait pu le démasquer bien plus tôt. Mais durant toute l'enquête, les empreintes digitales du tueur de vieilles dames sont restées dans le fichier de police de la ville de Toulouse sans que les équipes de la brigade criminelle de Paris puissent y avoir accès.

C'est pour en finir avec cette aberration qu'en 1987, un décret a mis en place un fichier automatisé qui regroupe la totalité des empreintes relevées par tous les services de police et permet de les comparer grâce à un logiciel informatique.

Aujourd'hui, le Palace a fermé mais le Paradis latin est toujours un haut lieu des nuits parisiennes. On dit que la capitale a perdu le sens de la fête. Ce ne sont pas les vieilles dames qui s'en plaindront.

L'ŒIL DE FRÉDÉRIC

Les crapules dandys, ça existe. Il faut de tout pour faire un monde. Un monde criminel, aussi.

Lorsque je considère les grands cas pathologiques, on sait que beaucoup de choses se jouent durant les premières années de la vie et se répètent de cas en cas. On retrouve souvent une enfance dévastée, des parents absents, des enfants confiés à des familles d'accueil parfois tyranniques et brutales, des abus sexuels, des coups, un manque d'amour total ou, pire, un rejet ou une forme de mépris, une solitude extrême. Sans compter la misère, la précarité, la galère.

Au fond, je ne crois pas aux mauvaises graines, même si c'est parfois tentant de se dire que certains cas existent tant ils semblent irrécupérables. Je crois plutôt qu'il y a des graines qui grandissent de travers.

Paulin avait tout pour se sentir rejeté : une famille explosée, aucune éducation ni formation ; il est agressif, métis, homosexuel. Cela dit, si tous les adolescents qui se sentent humiliés parce qu'ils sont incultes, métis et homosexuels devaient devenir des tueurs en série, on aurait sans doute déjà été tous égorgés ! Donc le mystère demeure.

Qu'est-ce qui fait que, à un moment donné, une personnalité, au lieu de se développer à peu près normalement, avec ses chaos et ses fractures mais qui sont sans danger pour autrui, bascule du côté obscur de la force ? Les criminels provoquent toutes sortes d'émotions contradictoires, de la fascination, de l'angoisse, de la peur panique, de la pulsion de mort, de la haine, du dégoût. Les crimes de Paulin sont si crapuleux, lâches et sadiques qu'on est instinctivement révulsé par cette forme de prédation ignoble. Quelle proie plus facile qu'une vieille dame ? C'est d'une lâcheté sans fond. Surtout quand on sait que le garçon se prend pour un prince de la nuit et régale ses copains avec les petites économies de ses victimes.

Le pire dans cette histoire, c'est que la justice n'a pas eu le temps de faire son travail puisque Paulin est mort avant son procès. Ultime lâcheté, bien involontaire celle-là, du dandy crapuleux.

11e ARRONDISSEMENT

GUY GEORGES

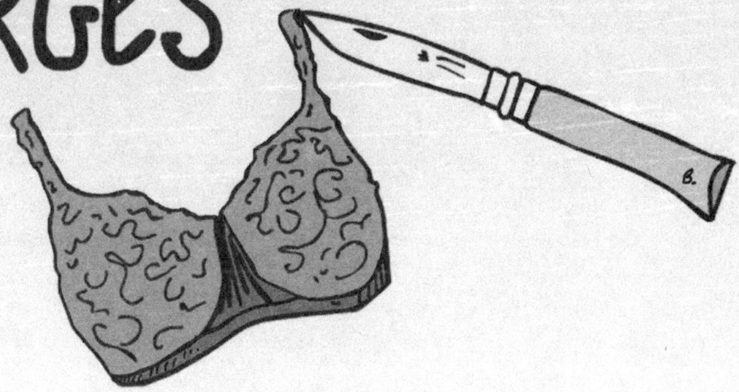

ALBERT SOLEILLAND

Guy Georges

Massacre à l'Opinel n° 12

Les rues d'une ville sont parfois reliées les unes aux autres par un chemin de sang. Ainsi, la rue des Mariniers, la rue Delambre et la rue des Tournelles. Ou bien la rue de la Forge-Royale, la rue Saint-Sulpice et la rue du Faubourg-Saint-Honoré. Ou encore la rue du Faubourg-Saint-Martin, le boulevard Blanqui et le boulevard de Reuilly.

La balade sanglante de Guy Georges compte sept femmes assassinées dans différents lieux parisiens. Dont deux auraient pu échapper au tueur si un fichier central regroupant les empreintes digitales des délinquants sexuels avait été créé plus tôt.

On l'a surnommé « le tueur de l'Est parisien ». Et aussi « la bête de la Bastille », après qu'il eut violé et égorgé une jeune Hollandaise de trente-trois ans, architecte d'intérieur, dans son duplex du quartier de la Bastille, faubourg Saint-Antoine, dans le XIe arrondissement. On aurait pu lui donner d'autres noms plus horribles, dans les nombreux quartiers où il a semé la terreur.

Après des années de traque, d'angoisse et de psychose collective, les équipes de la Criminelle finissent par l'identifier grâce à son ADN.

L'Opinel 12 de Guy Georges a égorgé sa première victime à Paris en janvier 1991. Son abominable carrière cessera avec celle de son propriétaire, arrêté en mars 1998.

***

Guy Rampillon (du nom de sa mère) est né en 1962 à Vitry-le-François des amours sans lendemain d'une Française et d'un soldat afro-américain déjà marié aux États-Unis.

Sa mère le rejette, ses grands-parents n'en veulent pas à cause de sa couleur de peau : un petit métis, non merci. Son père, lui, disparaît sans crier gare.

Une famille adoptive accueille le petit Guy âgé d'un an dans la banlieue d'Angers. Il y a déjà treize enfants dans la maison. Comparée à la sienne, l'enfance du Petit Poucet est un modèle de bonheur et d'équilibre. Mais son héros à lui n'est pas le Petit Poucet, c'est Joe l'Indien, l'ami criminel de Tom Sawyer et Huckleberry Finn imaginés par le romancier Mark Twain.

Entre quatorze ans et seize ans, celui qui est devenu Guy Georges (du prénom de son père) se fait la main sur deux de ses sœurs adoptives – dont l'une handicapée mentale – en tentant de les étrangler. Sa carrière officielle démarre en 1979. Il agresse des jeunes filles avec un Opinel 12 qui va devenir sa signature, sa marque de fabrique, celle aussi de Joe le Killer, surnom dont il s'affublera en hommage morbide à Mark Twain.

Dès 1979, tout est en place dans la tête du délinquant sexuel pour que l'horreur s'accomplisse, toujours avec la même minutie, la même rigueur obsessionnelle. Et elle s'accomplira.

*
**

L'enfer d'un délinquant ne commence pas toujours dès son entrée en prison. Le pire peut arriver à la sortie : c'est ce qui se produisit pour le jeune Guy. À sa sortie de prison, où il a passé une semaine pour sa première agression, sa famille adoptive le rejette. Elle a déjà compris qu'il n'y a rien à attendre d'un tempérament si violent, si pervers. Et pense peut-être qu'un jour il commettra l'irréparable.

La justice le libère, sa famille le renie. Désormais il vit seul, confronté à son enfance ravagée, à son avenir compromis, livré à ses angoisses, ses instincts, ses pulsions.

La descente aux enfers semble programmée. Entre déprime et crises de folie, il va violer, poignarder, être emprisonné. Il sort de prison, viole à nouveau, poignarde, retourne en prison, puis retrouve la liberté. Un cercle infernal où le vice est érigé en concept. Où l'homme devient autre chose qu'un homme, emporté dans son propre vertige.

Dans les années 1980, il viole, saigne ses victimes mais ne tue pas. Comme s'il s'entraînait avant de porter l'estocade : Nathalie en 1981, rue des Mariniers, dans le XIVe arrondissement, qu'il laisse pour morte dans le parking de son immeuble ; Violette en 1982, avenue Foch, sauvée in extremis par un gardien de nuit alerté par les cris qu'elle pousse.

S'il est souvent arrêté, les enquêtes n'aboutissant pas faute de preuves, ses peines de prison ne sont jamais très lourdes. Mais la cour d'assises de Meurthe-et-Moselle va frapper un grand coup en le condamnant à dix ans d'emprisonnement qu'il effectue à la prison de Caen, un établissement réservé aux délinquants sexuels. Il y jouit d'un régime de semi-liberté : chaque soir, il doit rentrer pour dormir derrière les barreaux.

Un traitement trop clément pour lui, les juges n'ont pas encore mesuré la dangerosité de l'individu : un soir, il décide de ne pas revenir en prison et il s'enfuit à Paris. Paris, capitale du crime.

Tout bascule la nuit du 24 janvier 1991, rue Delambre.

Il repère la jeune Pascale, étudiante de dix-neuf ans, dans une brasserie de la place Edgar-Quinet, la suit, pénètre avec elle dans son appartement, la viole, lui tranche la gorge. Guy Georges vient de tuer pour la première fois.

*
**

C'est l'ouverture d'une chasse qui va durer sept ans, la répétition générale d'une cérémonie qui sera chaque fois orchestrée de la même façon. Scrupuleusement.

L'assassin repère sa proie, la suit jusqu'à son domicile ou dans son parking, l'attaque avec son Opinel 12, coupe son soutien-gorge entre les bonnets, la viole, la tue. C'est toujours le même rituel macabre, la même mise en scène sacrificielle.

Le théâtre des opérations n'a ni limite ni frontière. Il est totalement ouvert, imprévisible car le lieu compte moins que la reproduction de la cérémonie. Peu importe l'autel pourvu que le sacrifice s'accomplisse.

Guy Georges sévit près de la place de la Bastille, autour de la place Saint-Sulpice et de la place d'Italie. Mais aussi vers le boulevard Blanqui ou le boulevard Malesherbes.

L'homme est devenu une implacable machine à tuer. Dans son cerveau malade, les noms de ses victimes répondent en écho aux noms des rues : Catherine R., Elsa B., Agnès N., Annie L., Elisabeth O., Hélène F., Mélanie B., Estelle F., Magali S., Leila T.

Dans la vie très scandée du tueur en série, il y a un temps pour tuer et un autre pour travailler. Guy Georges organise sa vie sociale : il obtient le RMI, travaille comme bénévole pour l'association caritative Saint-Vincent-de-Paul. Avec un peu de prostitution et de vols chez les commerçants pour boucler les fins de mois.

Puis il devient balayeur pour la Mairie de Paris, manutentionnaire, distributeur de prospectus. Ceux qui le côtoient ne soupçonnent pas cet homme plutôt amical et rigolard, d'autant qu'il est le premier à s'écrier « quel salaud ! » quand ils évoquent entre eux les méfaits du tueur abondamment relayés par la presse.

En attendant, le « salaud » court toujours. La Police criminelle s'accroche de plus en plus sérieusement à l'hypothèse du tueur en série mais, n'ayant que deux traces ADN laissées sur les lieux du crime, et en l'absence d'un fichier central d'empreintes génétiques, l'enquête piétine. D'autant que son portrait-robot le décrit plutôt comme étant « de type maghrébin », alors qu'il est métis noir. Pourtant plusieurs femmes qui sont parvenues à s'extraire de ses griffes ont vu son visage, ses yeux noirs et perçants, sa trogne où l'on est parfois tenté de voir naître un léger sourire machiavélique. Mais il passera de nombreuses fois entre les mailles du filet.

En août 1995, ne doutant de rien, il se rend au commissariat pour réclamer son portefeuille que sa dernière agression ratée l'a contraint à abandonner sur place. Il est identifié, arrêté, condamné à trente mois de prison pour agression mais la nature sexuelle de ses attaques n'est même pas mentionnée. Son visage ne correspondant pas au portrait-robot, il échappe au test ADN et sort de prison en juillet 1997.

*
**

En novembre de la même année, c'est le meurtre de trop : Estelle M. clôt la série sanglante, violée et tuée à son tour. Les médias s'emballent. Les parents des victimes sortent de leur souffrance et exigent que tout soit fait pour que ce monstre soit mis hors d'état de nuire. L'enquête, comme souvent pénalisée par des rivalités entre services de police, établit enfin un lien entre les traces ADN.

À la requête du juge Gilbert Thiel qui ordonne à tous les laboratoires de comparer les empreintes génétiques, les responsables d'un laboratoire de Nantes identifient Guy Georges le 25 mars 1998. Il sera arrêté à Paris, près du métro Blanche.

Condamné en 2001 pour sept meurtres et trois agressions sexuelles par la cour d'assises de Paris, Guy Georges, après avoir avoué un à un tous ses crimes et demandé pardon, est condamné à perpétuité avec une période de sûreté de vingt-deux ans.

Élisabeth Guigou, garde des Sceaux à l'époque, décide de mettre en place un fichier central regroupant toutes les empreintes génétiques des délinquants sexuels.

Il aura fallu presque vingt ans et une cascade d'erreurs et d'oublis de la part de la justice et de la police pour que le chemin du tueur de l'Est parisien remonte de la rue des Mariniers à la place Vendôme.

Aujourd'hui, Guy Georges est derrière les barreaux. En 2020, la loi l'autorisera à solliciter une libération conditionnelle. Que décidera la justice qu'il faut toujours s'efforcer de rendre dans la crainte et le tremblement ?

L'ŒIL DE FRÉDÉRIC

L'horreur, on a toujours l'impression qu'on peut en repousser les limites. Particulièrement avec les *serial killers*. C'est comme s'ils s'annulaient les uns les autres. Et, surtout, la réalité dépasse à chaque fois la fiction ; à côté des vrais *serial killers* qui rôdent dans la nature, je me dis parfois que Hannibal Lecter, le héros du *Silence des agneaux*, est presque un gentil monstre.

L'Afrique du Sud, le Canada, les États-Unis sont des gros fournisseurs de tueurs en série. Je pense, par exemple, à Moses Sithole en Afrique du Sud qui a été jugé en 1997 pour le meurtre de trente-huit personnes et pour quarante viols ; la justice sud-africaine l'a condamné à quinze ans de prison pour chacun des viols et cinquante ans de prison par meurtre, faites le compte, c'est délirant. Ou encore à l'Américain Ted Bundy qui est passé sur la chaise électrique en Floride en 1989 pour les meurtres d'une quarantaine de femmes…

La France n'est pas mal lotie non plus. Il est bien possible que, si l'on remonte un peu dans le temps, on détienne le record absolu en nombre de victimes avec Gilles de Rais, l'ancien compagnon d'armes de Jeanne d'Arc, pendu et brûlé à Nantes en 1440 pour le meurtre de cent quarante enfants et plus. Mais je pense surtout à Landru ou Petiot, Pierrot le Fou, et, plus proches de nous, à Michel Fourniret, « l'ogre des Ardennes », à Francis Heaulme, surnommé « le Routard du crime », Pierre Chanal et les disparus de Mourmelon, Émile Louis et les disparues de l'Yonne. Comparé à tous ces grands psychopathes, Guy Georges, « le tueur de l'Est parisien », fait presque figure de petit bras car on le condamne pour sept meurtres… j'allais dire « seulement ».

Pourtant, il a fait naître une des plus grandes psychoses collectives dans Paris et dans toute la France. Mais ce qui donne vraiment envie de se révolter contre le système, dans son histoire, c'est la négligence, l'absence de méthode, le manque de rigueur scientifique, sans doute aussi l'inconscience politique, l'inertie administrative des différents services de police et la concurrence entre eux, qui ont permis à Guy Georges de poursuivre son parcours criminel aussi longtemps. Même si certains policiers ont fait tout ce qu'ils pouvaient dans ce système un peu absurde. Comme si on avait laissé tout le temps à ses pulsions de monter en puissance, comme si on l'avait laissé « répéter », en comédien scrupuleux, se faire la main jusqu'à maîtriser parfaitement son mode opératoire sordide avec son Opinel 12. On sait que le pire va arriver et personne ne bouge. Alors, forcément, le pire arrive. Jusqu'au jour où un homme se lève, se bat contre les structures, les inerties, les conflits d'intérêts. Cet homme indépendant et courageux, ce Don Quichotte de la justice à qui l'on doit la révolution du fichier centralisé des empreintes digitales pour les délinquants sexuels, c'est le juge d'instruction Gilbert Thiel. Merci, monsieur le juge.

Albert Soleilland

Le satyre qui « sauva » la peine de mort

Sans lui, la peine de mort aurait sans doute été abolie plus tôt. Robert Badinter, le garde des Sceaux qui mit fin à cent quatre-vingt-dix ans de guillotine, en est persuadé : c'est à cause d'Albert Soleilland qu'on a dû attendre soixante-quinze ans de plus pour supprimer la peine capitale. Et son nom s'est inscrit dans l'histoire judiciaire pour cette raison.

Un projet de loi abolissant la peine de mort avait été déposé un an avant l'infanticide de la rue de Charonne de 1907. La Chambre des députés avait même voté la suppression des gages du bourreau.

Mais l'atrocité du meurtre de la jeune Marthe Erbelding, par l'effroi qu'il suscite alors dans l'opinion, la terreur qu'il inspire aux familles, fait tout basculer.

« Les crimes les plus atroces, ceux qui saisissent l'opinion publique sont le plus souvent commis par des hommes emportés par une pulsion de violence et de mort qui abolit jusqu'aux défenses de la raison. » Ces mots de Robert Badinter devant l'Assemblée en 1981 qualifient parfaitement le crime d'Albert Soleilland.

Aristide Briand, abolitionniste lui aussi et, à l'époque, garde des Sceaux dans le gouvernement Clemenceau, aurait pu les prononcer. Jean Jaurès, de la même façon.

*
**

La rue Saint-Maur où vivait la famille de la fillette assassinée, dans le XIe arrondissement, doit son nom à l'ancien chemin qui conduisait de l'abbaye de Saint-Maur à l'abbaye de Saint-Denis. Tout près, entre la rue du Chemin-Vert et la rue Saint-Ambroise, Napoléon fit construire les abattoirs de Ménilmontant, qui furent avec ceux du Roule, de Villejuif, de Grenelle et de Montmartre, le lieu consacré où, jusqu'à la construction sous le second Empire des grands abattoirs de La Villette, des dizaines de milliers de bœufs et de cochons furent assommés, étourdis, suspendus, saignés, découpés, éviscérés.

« Le sang ruisselle dans la rue, il se caille sous vos pieds et vos souliers en sont rougis », écrivait Louis-Sébastien Mercier avant la Révolution française dans son *Tableau de Paris.* Les hommes, oublieux des crimes qu'ils commettent envers les animaux, préfèrent se concentrer sur leurs propres turpitudes.

Le corps sans vie d'une enfant de douze ans déposé dans une consigne de la gare de l'Est ; un satyre moustachu aux yeux vairons, l'un marron l'autre vert ; un président de la République abolitionniste ; une presse populaire qui se déchaîne contre l'assassin et organise un référendum par cartes postales contre l'abolition de la peine de mort : l'affaire Soleilland cristallise des peurs ancestrales et les interrogations les plus contemporaines.

« Quelles que soient les tendances personnelles du Président, il doit entendre la voix du peuple qui demande un exemple terrible », écrit *Le Petit Parisien* dans son numéro du 24 juillet 1907.

L'opinion publique s'enflamme contre le meurtrier, ouvrier déclassé qui fut un temps estampeur, en qui elle voit une résurgence médiévale maléfique. Oubliés les anarchistes, les Apaches et les bandits qui, la veille, faisaient la une des journaux. Les Parisiens ne pensent plus qu'au martyre de la petite Marthe. À son enterrement, ils se pressent en masse, entre cinquante et cent mille personnes, une foule étreinte par un mélange morbide d'émotion, de haine et d'impuissance. Il faut dire que le crime qui a précédé cette mise en terre a de quoi bouleverser les esprits.

*
**

Fin janvier 2007, les Soleilland habitent au 133 de la rue de Charonne, la famille Erbelding au 76, rue Saint-Maur. Les couples sont amis et se voient souvent. Albert, qui est âgé de vingt-six ans, travaille depuis peu chez un marchand de meubles. Il connaît la jeune Marthe depuis toujours, il l'a pratiquement vue naître.

Le 31 janvier 1907, il passe chez les Erbelding chercher Marthe à qui Juliette, sa femme, a proposé d'aller assister à un concert au Bataclan, la grande salle de spectacles du boulevard Voltaire. Confiante et impatiente, la petite fille glisse sa main dans celle du jeune homme. Madame Erbelding les regarde partir, le sourire aux lèvres.

En fin d'après-midi, Albert revient affolé au domicile des Erbelding et explique que l'enfant a disparu pendant le spectacle, sans doute lorsqu'elle s'est rendue aux toilettes. Les parents veulent comprendre et s'étonnent : n'était-ce pas Juliette qui devait l'emmener au concert ? « Non, non… enfin… oui… mais au dernier moment elle n'a pas pu ! » Albert bredouille, s'empêtre dans ses explications, s'échauffe. On attribue le trouble à son inquiétude et tous ressortent dans la rue pour tenter de retrouver Marthe.

Avant de se résoudre à appeler la police.

Albert, témoin principal, est interrogé et, très vite, les policiers froncent les sourcils : le jeune homme se montre incapable de nommer les artistes qu'il a vus sur scène. Emmené au Bataclan, il ne sait plus quelles places Marthe et lui occupaient. Pire, les ouvreuses de la salle sont formelles : aucune disparition d'enfant ne leur a été signalée et, surtout, personne ne se souvient d'avoir vu Albert Soleilland ce jour-là. De toute apparence, le jeune homme affabule.

Alors les enquêteurs vont fouiller dans son passé… qui remonte pour lui exploser au visage. L'homme n'a pas perdu de temps. À vingt ans, la police le soupçonnait déjà de proxénétisme, il a aussi été condamné pour divers trafics, des petits vols et une escroquerie sur la personne de son employeur. Tiens, tiens… tentative de viol sur sa belle-sœur. Même Juliette, sa femme, avait oublié cette histoire.

Le 3 février, un nouvel interrogatoire au Quai des Orfèvres expédie directement Albert à la prison de la Santé. Il n'y a pas de preuves formelles, il n'est que suspecté, mais la police sent qu'elle tient le bon poisson. Il n'a pas encore mordu à l'hameçon, mais le fil commence à s'agiter.

Dans son entourage, c'est la stupéfaction et l'indignation : personne ne veut croire à sa culpabilité. D'autant qu'on parle d'un individu au visage dissimulé dans une capuche qui semblait s'intéresser d'un peu trop près aux enfants du quartier ces temps-ci…

Il faudra attendre le 8 février, une semaine après les faits, pour recueillir le témoignage d'une habitante de la rue de Charonne qui vit en face de l'immeuble des Soleilland. Une semaine pour que cette petite couturière vienne délivrer les parents de Marthe de leur folle inquiétude. L'attente peut s'arrêter et le deuil lui succéder.

La femme est formelle : le 31 janvier, elle a vu la fillette accoudée à la fenêtre des Soleilland, et Albert était à ses côtés. L'heure qu'il était, monsieur le commissaire ? 2 heures passées. À l'époque, on ne dit pas encore 14 heures mais les policiers ont bien compris que, au Bataclan, le spectacle avait déjà débuté. Donc Albert a menti.

Devant cette révélation qui l'accable, le criminel s'écroule et passe aux aveux.

Il n'a pas emmené Marthe au Bataclan. Il n'a même jamais été question que sa femme ait son après-midi libre ce jour-là pour s'occuper de l'enfant. Il a tout inventé, tout manigancé. Ce n'est pas un coup de folie, le crime était prémédité, ou du moins le viol.

*
**

Le 31 janvier, après avoir fouillé l'appartement des Erbelding, Albert repasse chez lui, rue de Charonne. Il bavarde à la fenêtre un instant avec Marthe, traîne à l'intérieur. La petite fille s'étonne de cette perte de temps, elle veut aller au Bataclan, comme il le lui a promis. Soleilland tente alors de l'embrasser, elle se débat, il la presse contre lui, elle crie et, pour que les voisins ne l'entendent pas, il serre son cou, de plus en plus, il l'étrangle. La fillette glisse doucement sur le sol.

L'autopsie révélera que la victime a été violée et poignardée de plusieurs coups de couteau dans le cœur. Détail morbide mais qui frappe l'imagination : le corps a été dépecé et coupé en morceaux.

Puis Albert enveloppe ce qui reste de la pauvre Marthe dans de la toile d'emballage, en fait plusieurs paquets et va prendre le tramway direction gare de l'Est. Dix centimes plus tard, le corps de la fillette est déposé dans une consigne de la gare. Pour la petite histoire, un employé du tramway le voyant peiner à porter ses « colis », vient lui donner un coup de main et s'étonne du poids : « Vous avez un cadavre là-dedans ou quoi ? » demande-t-il en riant.

*
**

Quand il a appris la nouvelle, le père de Marthe a eu une syncope et on a dû l'hospitaliser. Albert, un ami de dix ans, qu'on connaissait si bien ! Les autres enfants Erbelding voulaient aller trouver ce salaud pour lui faire la peau !

Devant l'horreur de l'infanticide, journalistes, magistrats, parents, citoyens, tous entonnent avec force et fureur le refrain vengeur de la souillure qui ne s'efface que dans le sang.

Le 24 juillet 1907, au procès, un incident bouleverse l'assemblée : Juliette, l'épouse d'Albert, tente de se précipiter sur son mari. « Laissez-moi le tuer ! » hurle-t-elle. La cour d'assises s'en chargera en l'envoyant à échafaud.

Mais le 12 septembre, contre toute attente, le monstre des monstres est gracié par le président de la République. Il aurait eu pitié, dit-on ! À moins que la responsabilité de décider de la mort d'un homme ait été au-dessus de ses forces. Le président est coutumier du fait : il use systématiquement de son droit de grâce à chaque condamnation à mort. Mais là, on pensait bien qu'il se rangerait à l'avis général, qu'il ferait corps avec son peuple.

Pour les Parisiens, c'en est trop : ils descendent par milliers dans la rue et marchent en direction du palais de l'Élysée, acclamant le nom du bourreau et conspuant celui du président de la République : « Vive Deibler ! Fallières, démission ! » Rien n'y fait. Le président ne cède pas à la colère populaire. La grâce présidentielle, aussi irrévocable que la guillotine, aura le dernier mot.

Mais par un contrecoup vengeur dont l'histoire a le secret, à la Chambre des députés, en décembre 1908, la question sur la peine capitale est reposée et, cette fois, la mort revient en force : par 330 voix contre 201, la peine capitale est maintenue. Malgré les doutes qu'on peut avoir sur l'exemplarité de la décapitation, les députés la jugent dissuasive. Dont acte.

La guillotine va donc continuer à jouer du couperet et il y aura du monde qui se lèvera à l'aube pour venir assister à ce que la foule a toujours considéré comme un spectacle. Quoi qu'elle en dise. Pour Soleilland, on risque de se bousculer.

*
**

Finalement, le satyre parvient à sauver sa tête : sa peine est commuée en travaux forcés à perpétuité. Au bagne de Guyane, il aura affaire aux autres bagnards qui, on le sait, ne portent pas dans leur cœur les violeurs d'enfants. Avant de mourir lentement de phtisie en 1920, abandonné de tous, il agresse sexuellement un jeune forçat et se prend, en réponse, un bon coup de lime qui manque de le tuer. Juste retour des choses.

*
**

Dans la mythologie grecque, le satyre Marsyas, excellent musicien, osa un jour défier Apollon, roi de la lyre. Le concours, présidé par les Muses, consacra Apollon vainqueur. Pour punir le vaincu de sa folie et de son arrogance, on l'écorcha et on jeta son corps dans une grotte, d'où naquit une rivière qui prit son nom.

Quel Apollon ce pauvre Soleilland a-t-il défié dans sa folie sanglante ? Quel démon l'a poussé à entraîner la petite fille chez lui au lieu de l'emmener au spectacle ? Ni les dieux ni les hommes ne le sauront jamais.

Saint-Maur, patron des charbonniers, des chaudronniers et des fossoyeurs, ayez une pensée pour la jeune Marthe qui n'avait pas imaginé, en se levant ce 31 janvier-là, finir la journée dans une consigne de la gare de l'Est.

L'ŒIL DE FRÉDÉRIC

Tout le monde a oublié le nom du pauvre Albert Soleilland. Pourtant une jeune enfant violée et son corps découpé en morceaux, retrouvé empaqueté dans une consigne de la gare de l'Est, cela n'arrive pas tous les lundis !

Il ne figure ni au Panthéon des grands criminels ni dans le martyrologe des grandes victimes d'erreurs judiciaires. Pourtant, c'est bien à cause de lui que celle-ci n'a pas été abolie presque un siècle plus tôt. Vous souvenez-vous du débat passionné qu'elle suscita en 1981, au moment de son abolition ? Replongez-vous dans la France d'avant la Première Guerre mondiale, et imaginez ce que cela a dû être à l'époque, juste après les profondes divisions de l'opinion autour de l'affaire Dreyfus, en pleine période d'agitation sociale, d'attentats anarchistes, de menaces de toutes sortes contre l'autorité de l'État.

Soleilland est un détraqué sexuel, un prédateur de proximité, un de ces types qui, à un moment, sont emportés par leurs pulsions. Ce jour-là, vous avez juste à espérer que votre enfant ne soit pas dans les environs ! Je me méfie de l'échelle des crimes, c'est un peu pervers de les classer en fonction de leur degré de monstruosité, mais il faut bien dire que l'infanticide, c'est vraiment s'attaquer à ce qui nous est le plus sacré : les enfants. Surtout quand on sait que, la plupart du temps, le tueur connaît bien la famille de la victime. Regardez Soleilland, il viole et coupe en morceaux la fille de son meilleur ami qui est aussi son voisin. On comprend l'émotion des Parisiens de l'époque, et la foule énorme aux obsèques de la fillette. Elle serait la même aujourd'hui. Mais fallait-il pour autant enterrer précipitamment tous les projets de loi sur l'abolition de la peine de mort ? *That is the question.*

En 1983, le Conseil de l'Europe a aboli la peine de mort « en temps de paix ». Et en 2002, le même Conseil a aboli la peine capitale en toutes circonstances, y compris pour des actes commis en temps de guerre. Soleilland nous a peut-être fait prendre du retard mais, depuis, nous l'avons bien rattrapé.

12e ARRONDISSEMENT

VIOLETTE NOZIÈRE

FLORENCE REY AUDRY MAUPIN

Violette Nozière

La parricide de la rue de Madagascar

« Violette était une brune au teint pâle que les journaux de l'époque comparaient à une fleur vénéneuse. [...] Elle donnait ses rendez-vous dans un hôtel de la rue Victor-Cousin près de la Sorbonne... », écrit Patrick Modiano dans son roman *Fleurs de ruine*, qui évoque le Paris des années 1930.

Violette, fleur vénéneuse, est une parricide. Et le parricide, le crime des crimes.

Il fut aboli en tant qu'incrimination spécifique par Louis-Philippe sous la monarchie de Juillet. Pour le qualifier, on parle désormais de meurtre d'un ascendant légitime, ou naturel s'il s'agit de mères et de pères adoptifs.

Au Panthéon des parricides, Violette Nozière se situe quelque part entre Pierre Rivière et Œdipe. Pierre Rivière, le paysan du Calvados, a vingt ans quand il égorge mère, frère et sœur. Violette, petite Parisienne du petit peuple, en a dix-huit quand elle tente pour la première fois d'empoisonner ses parents.

« L'absence complète de morale, le goût exacerbé du lucre et du plaisir, l'inconscience du mal, la cruauté la plus atroce, l'indifférence la plus absolue dénuée de tout remords font de son crime le superlatif du crime », écrit *Détective Magazine* dans son numéro du 10 septembre 1933. Pourtant, trente ans plus tard, Violette Nozière mourra avec un casier judiciaire vierge. Réhabilitée.

La parricide, encensée dans les années 1930 par les surréalistes, finit sa vie en bonne mère nourricière au Petit-Quevilly, en Seine-Maritime, en compagnie de sa vieille maman qu'elle a voulu éliminer à deux reprises par empoisonnement.

*
**

Violette est une jeune fille rêveuse des années folles. Cherchant éperdument la vraie vie, loin, très loin de la petite prison familiale de la rue de Madagascar, dans le XIIe arrondissement, elle va commettre un forfait dont François Mauriac a dit qu'il était plus grand qu'elle.

Comme de nombreuses jeunes filles, Violette voudrait échapper à l'école, rouler toute la nuit dans une belle voiture conduite par son grand amour, une Bugatti qui la transporterait à toute allure pour voir la mer. Les Sables-d'Olonne, par exemple. « Emmène-moi au bout du monde », dit-elle dans ses rêves à son amant imaginaire. Violette ne songe qu'à s'enfuir du deux-pièces cuisine où elle vit avec ses parents. Le monde est vaste, pourquoi devrait-il s'arrêter aux murs du lycée Fénelon et au bout de la rue de Madagascar ? Quand on aime, il faut partir. Blaise Cendrars a bien raison : « Quand tu aimes il faut partir / Ne larmoie pas en souriant / Ne te niche pas entre deux seins / Respire marche pars va-t'en », scande l'un de ses poèmes. Entre Fénelon et Cendrars, l'archevêque de Cambrai et le poète bourlingueur, la jeune Violette choisira toujours celui qui lui fait voir au-delà de l'horizon.

Cela désole bien sûr ses parents qui, prêts à se sacrifier pour elle, persuadés du haut destin de leur fille, l'ont inscrite au lycée Fénelon, dans le Quartier latin, pour qu'elle fasse des études brillantes.

Elle aurait pu se marier avec un avocat, un médecin ou un grand reporter. Devenir une jolie femme de la riche bourgeoisie. Un parricide plus tard, elle se mariera avec le fils du greffier de la maison d'arrêt de Rennes.

*
**

À seize ans, on étouffe, surtout quand la promiscuité d'un petit appartement vous oblige à partager votre intimité avec celle de vos parents. Dans le logement modeste du 9 de la rue de Madagascar, à proximité de la gare de Lyon, la jeune Violette rêve d'aventures, érotiques, exotiques ou spirituelles, qui sait ? Ses professeurs la jugent sournoise et paresseuse, une condamnation sans appel comme l'école sait parfois en prononcer. Elle sèche les cours, fait le mur, acquiert vite la réputation de petite coureuse, va danser et boire avec sa copine Madeleine plutôt que jouer à la belote avec son père qui lui raconte sa guerre aux Chemins de fer Paris-Lyon-Méditerranée.

Mineure vivant comme une femme du monde, elle aime les bars, les bals, les hôtels. Pour vivre sa vie rêvée d'ange qui croit à l'amour fou, elle commet des petits vols, chez ses parents ou des commerçants, pose nue dans un magazine et, à l'occasion, se prostitue. À dix-sept ans, elle apprend qu'elle a la syphilis. Elle noie son désespoir et son désœuvrement dans les brasseries, les soirées et les salles obscures du Quartier latin. « Que font les gens quand ils s'enferment en masse dans les salles obscures ? » demandera bien plus tard Jean-Luc Godard. « Ils brûlent de l'imaginaire pour réchauffer le réel. »

Fréquentant le milieu étudiant bourgeois du côté de la Sorbonne, Violette magnifie ses parents en faisant croire que son père est ingénieur du PLM, lui qui n'a été qu'ajusteur, mécanicien et chauffeur ; elle raconte aussi que sa mère est « première main » chez la grande couturière Jeanne Paquin. Violette bovaryse, romance, affabule. Elle laisse entendre que son père, jaloux de ses conquêtes, se fait de plus en plus pressant avec elle. Elle ne recule pas non plus devant le chantage au suicide. Grâce à ce stratagème, plus méthodique que désespérée, elle parvient à convaincre le docteur Déron, qui lui a révélé sa maladie vénérienne, de produire un faux certificat de virginité.

Ruse perverse qui lui permet, avec la complicité de son médecin, de transférer sa culpabilité sur ses parents.

En mars 1933, Baptiste Nozière, convoqué à l'hôpital par le médecin qui suit sa fille, prévient sa femme Germaine que la maladie de Violette est « héréditaire » : un cas d'hérédosyphilis. Les responsables, ce sont eux !

Il y a sans doute quelque chose de pourri dans la lignée des Nozière ou des Hézard, le nom de jeune fille de sa mère. Un gène diabolique chez un ancêtre paysan auvergnat, ou chez un aïeul viticulteur bourguignon, qui compromet l'avenir d'une jeune fille rêveuse. Quoi de plus tragique ? Les lois de l'hérédité sont les vraies lois du destin : les parents, honteux, coupables et complexés, endossent la faute originelle. Rue de Madagascar, la vie commune devient un enfer.

Le 23 mars, invoquant une recommandation du docteur Déron qu'elle a inventée de toutes pièces, Violette fait avaler du Soménal à ses parents pour, leur explique-t-elle, prévenir la contagion de la maladie. Dans la nuit, Germaine et Baptiste se sentent mourir. Mais la dose de poison étant trop faible, Germaine est transportée à l'hôpital Saint-Antoine, et Baptiste revient à lui.

Un incendie s'étant déclenché dans l'appartement au cours de la nuit, Violette est allée chercher du secours chez ses voisins de palier. L'alibi est parfait : l'enquête conclut très vite à une intoxication des parents par la fumée.

Fin juin 1933, au retour de vacances chez son grand-père paternel à Prades, en Haute-Loire, Violette rencontre à Paris un jeune étudiant en droit bordelais : Jean Dabin – à ne pas confondre avec Jean Gabin, ainsi que ses amis potaches le précisent dans le film de Claude Chabrol – devient son amant. L'homme va vivre à ses crochets et celle qui a été une prostituée occasionnelle se transforme en souteneuse pour l'entretenir. Soucieuse qu'il soit toujours le plus beau pour aller danser ou pour partir à la mer, elle reprend ses petits larcins, volant à nouveau les bas de laine de sa mère et la paie de son père.

La vie quotidienne reprend, plus que jamais machine à broyer les espérances folles et les rêves un peu flous. Violette est pressée. Si elle veut épouser Jean et vivre dans le confort qui lui sied, il lui faut mettre la main sur toutes les économies des parents. De gré ou de force.

Juillet 1933. Les mérites du père et ses années de service sont enfin consacrés : le temps d'une journée, Baptiste devient chauffeur officiel du train du président de la République, Albert Lebrun. Hélas, aussitôt élu, aussitôt réprouvé. Peu de temps après son jour de gloire, il tombe de sa locomotive, est hospitalisé puis contraint de rentrer chez lui en convalescence. Famille, je vous hais !

Le 21 août, cinq mois après sa première tentative avortée, Violette rejoue le même scénario, plus élaboré, cette fois : une fausse ordonnance et trois tubes de Soménal au lieu d'un. Les comprimés sont écrasés et répartis équitablement dans deux verres. Dans un troisième, celui qu'elle boira avec ses parents au cours de la soirée, un médicament anodin. Violette a marqué ce verre d'une croix pour ne pas se tromper.

Le lendemain soir, après avoir pris soin d'ouvrir le gaz pour simuler un suicide des parents, elle repasse rue de Madagascar et donne l'alerte.

Après avoir analysé les relevés de gaz de l'appartement, les enquêteurs constatent que la quantité évaporée est insuffisante pour asphyxier deux personnes. Le stratagème était un peu gros, cette fois il échoue. Conduite par un commissaire de police à l'hôpital Saint-Antoine pour une confrontation avec sa mère, Violette profite d'un instant d'inattention du policier pour s'échapper. Sa fugue, la dernière, l'accuse.

En attendant, la mère s'est réveillée avec un furieux mal de tête et des nausées. Le père, lui, ne reviendra plus jamais contrarier les grandes espérances de sa fille.

⁂

Une petite semaine de cavale dans Paris et Violette est arrêtée par le commissaire Marcel Guillaume dans le VIIe arrondissement, après avoir été trahie et dénoncée par un jeune homme bien né. La haine sociale ne connaît pas de trêve. André de Pinguet a-t-il voulu livrer à la police la jeune prostituée, la jouisseuse qui fait la fête au bal Tabarin à Montmartre le lendemain de son crime, la sorcière parricide, la fille du petit peuple, ou simplement un amour frustré, un fantasme inacceptable ? André Breton ne sera pas tendre avec le vicomte délateur qui donne la fille au sortir du lit. Pas tendre non plus avec tous les rouages de la vieille société bourgeoise et patriarcale, les « infâmes chroniqueurs judiciaires, l'amant Jean Dabin, camelot du roi maquereau ».

Le commissaire Guillaume est une star du Quai des Orfèvres : la bande à Bonnot, Landru et l'assassin du président de la République Paul Doumer figurent à son tableau de chasse. Le parricide de la jeune femme perdue des années folles est donc, si l'on en juge par la qualité du héros policier qui s'en charge, bien plus qu'un fait divers monstrueux : c'est une histoire dont l'étoffe est faite des fils qui lient entre eux le pouvoir de la famille, la cohésion sociale, l'ordre moral et les principes de la civilisation occidentale.

Violette n'a pas d'alibi, mais un motif. Quand le commissaire Guillaume l'interroge, après moult sanglots et hésitations, elle avoue l'inavouable : son père aurait abusé d'elle pendant des années ; seule sa mort pouvait la libérer.

Elle réitère cette accusation pendant toute l'instruction et la maintient au cours du procès qui s'ensuit. Ce qui ne résiste pas au réquisitoire de l'avocat général, à l'étrange omerta qui entoure encore à l'époque l'idée même de prononcer le mot « inceste », au fait qu'elle a quand même tenté d'empoisonner aussi sa mère, et aux économies de ses parents dont elle aurait hérité si elle n'avait pas été démasquée.

À l'automne 1934, après deux jours de procès, la jeune fille est condamnée à mort.

– Bande de saligauds, vous me dégoûtez ! s'écrie Violette Nozière à l'énoncé du verdict. J'ai dit la vérité, c'est honteux, vous n'avez pas été « pitoyables » !

Apparemment, elle s'estime incomprise et mal jugée. À moins que, pour la première fois, elle vienne d'ouvrir les yeux sur sa propre monstruosité.

Ultime et vain cri de haine : les jurés ont bien compris à qui ils avaient affaire.

Les jurés sont sûrs de sa culpabilité, mais pas les surréalistes, qui en font une icône. Pas Aragon, qui la déclare « victime du patriarcat ». Pas Marcel Aymé, indéfectible défenseur, qui écrit dans le journal *Marianne* : « En condamnant à mort Violette Nozière, le tribunal a voulu affirmer le droit du père à disposer librement de ses enfants, droit de vie ou de mort, droit de cuissage aussi. »

Le magistrat instructeur, lui, a attribué trois mobiles au parricide de Violette : la cupidité, la vanité, le désir d'indépendance. Mais les femmes échappant à la guillotine depuis le début de la IIIe République, sa peine est commuée par Albert Lebrun en travaux forcés à perpétuité.

Un convoi de femmes, enchaînées les unes aux autres comme des esclaves noirs du Mississippi ou des guerriers parthes derrière le char d'un consul romain, la conduit à la prison de Haguenau dans le Bas-Rhin.

*
**

Au bout de deux ans d'une détention extrêmement rigoureuse où elle connaît le froid, la faim et l'isolement, avec comme seul recours pour soulager son âme quelques visites des petites sœurs de Béthanie, Violette adresse une lettre à sa mère, qui fera les gros titres des journaux de l'époque. Elle se rétracte et retire les accusations d'inceste contre son père. Le poète André Breton y avait cru, pourtant, qui se fendit d'une analyse sans doute plus brillante que fondée : selon lui, le père avait donné à sa fille « un prénom dans la première partie duquel on peut démêler psychanalytiquement son programme ».

Peut-être, en se rétractant, Violette a-t-elle découvert la puissance de la troisième vertu théologale, qui est beaucoup plus forte que la foi et la charité, à savoir l'espérance : celle de Charles Péguy, « cette vertu surnaturelle par laquelle nous attendons de Dieu, avec confiance, la grâce en ce monde et la gloire éternelle dans l'autre ».

Quand les troupes allemandes envahissent la Belgique en mai 1940, on la transfère de sa prison alsacienne vers la maison centrale de Rennes. En train, s'il vous plaît, avec un compartiment réservé. C'est la première station dans son long chemin de croix vers la délivrance.

Devant sa conduite exemplaire, sa contrition, sa nouvelle ardeur spirituelle et la détermination de son avocat, le maréchal Pétain, champion de l'esprit de sacrifice contre l'esprit de jouissance, réduit sa peine à douze ans.

Dans sa nouvelle prison bretonne, Violette reçoit une formation d'aide comptable et s'éprend de Pierre, apprenti cuisinier à Rennes, un des fils du nouveau greffier comptable de la prison, nommé début 1945.

Le 1er septembre 1945, le général de Gaulle signe un décret qui suspend son interdiction de séjour sur le territoire français.

La criminelle absolue, la sorcière repentie, la salope transfigurée en sainte, la folle hystérique qui a cristallisé toutes les haines et les angoisses de la société française des années 1930 est libre. Elle s'installe boulevard Jourdan, dans le XIVe arrondissement, sous un nom d'emprunt qui, par une de ces répétitions pathologiques dont l'inconscient a le secret, n'est autre que celui de sa mère, Germaine Hézard. La boucle est bouclée, les liens du sang sont rétablis. La sublime prophétie de Paul Éluard, écrivant à son procès qu'elle avait « défait l'affreux nœud de serpents des liens du sang », ne s'est pas réalisée.

Violette, qui rêvait peut-être, avec le poète, qu'un jour il n'y ait plus de père dans les jardins de jeunesse… Violette, héroïsée par André Breton en 1933, illustrée par Man Ray, Max Ernst, Salvador Dali et leurs amis, devient secrétaire comptable de la Fédération chrétienne des étudiants. Contrariant sa vocation de nymphe surréaliste, elle se marie dans le village où elle est née, Neuvy-sur-Loire, fin 1946, avec Pierre, l'homme qu'elle a rencontré à la prison de Rennes. Son mariage rappelle celui de *Maria Braun* qui, dans le film de Fassbinder, prend époux sous les bombes à la fin de la guerre. Le village ayant été lourdement bombardé par les Alliés, et la mairie détruite, la cérémonie est célébrée dans une école.

Violette et Pierre auront cinq enfants, une fille et quatre garçons qui ignoreront tout du passé parricide de leur tendre maman. Avant de l'apprendre par la presse, à sa mort.

En 1953, le couple avait acheté un petit hôtel dans un village de l'Orne puis un autre en Seine-Maritime. Après le décès accidentel de Pierre près de Rouen, Germaine, ex-victime de sa fille Violette, s'installe chez elle pour l'aider à surmonter les nouvelles épreuves de la vie.

Trois ans avant de mourir, la fille aux poisons est réhabilitée par la cour de Rouen en mars 1963, une première dans l'histoire de la justice française.

« Cette réhabilitation, j'y tenais pour mes enfants. Pour moi, ça m'est égal, ma vie est finie. Je suis heureuse que ma mère à qui j'ai tout dit ait enfin compris la vérité. Elle sait que j'étais innocente – malgré ce que j'avais fait –, et m'a pardonné. »

La gueuse vagabonde au crime monstrueux, moquée par les chansonniers de l'entre-deux-guerres, meurt deux ans avant sa mère. Elle repose dans le caveau familial, à Neuvy-sur-Loire, près de son mari, de son père et de sa mère.

Sans que personne ait jamais su si la fille avait dit toute la vérité à la mère. Ni si la mère l'avait comprise, elle qui au procès s'était portée partie civile et, contre toute attente, avait sidéré l'assistance lorsque, en larmes, elle avait crié aux jurés : « Pitié, pitié pour mon enfant ! »

L'ŒIL DE FRÉDÉRIC

Voilà l'histoire d'une jeune fille qui part en vrille.

Et qui nous laisse toujours avec la même interrogation : Pourquoi un individu dérape-t-il à un moment donné de sa vie ? Œdipe mal réglé, père incestueux, révolte adolescente mal canalisée ? Quel est le poids de la part d'ombre de chacun ? Quelle est l'étincelle qui met le feu aux poudres ?

Violette est douée, sensible, plutôt jolie. Et tout d'un coup, elle devient le pire des monstres, la putain, la parricide, la sorcière, celle que la bonne société doit éliminer, détruire, oublier. Pourtant, comme beaucoup de jeunes filles, elle rêve du prince charmant, elle préfère parler à ses copines et à ses amants qu'à papa-maman, elle a un peu honte de sa famille, de son père cheminot, de sa mère trop soumise, sacrifiée au petit bonheur étriqué du foyer. Jusque-là, rien de rare. Elle aime mieux s'amuser dans les bars et les bals plutôt que jouer à la belote avec son père aigri qui rumine son passé. Normal. Elle rêve de quitter le XIIe, de partir en

Bugatti voir la mer, mais elle n'est pas non plus une de ces *spring breakers*, à l'image de ces adolescentes perdues du film de Harmony Korine. Elle me semble moins déjantée, abandonnée, excessive.

Ensuite tout bascule, elle dérape, elle commet l'irréparable, elle empoisonne son père et sa mère. Mais regardez ce qu'on fait d'elle : d'un côté, une grande héroïne mythologique qui a le courage de délier les liens du sang, et de l'autre une petite salope, vicieuse et paresseuse, qui est le reflet d'une société en voie de décomposition morale. La presse de droite, les surréalistes, tout le monde s'emballe à son sujet. La jeune fille devient l'enjeu de forces qui la dépassent complètement.

Et puis il y a la deuxième partie de sa vie, beaucoup plus longue, après son mariage avec le fils du greffier de la prison de Rennes et cette fin incroyable où elle s'occupe jusqu'au bout de sa vieille mère qu'elle a pourtant tenté d'empoisonner. On ne sait pas si elle veut se racheter, se sauver ou juste avoir la paix, se faire oublier, vivre une vie normale. Ce pourrait être un beau sujet de film. Celui de Claude Chabrol avec Isabelle Huppert dans le rôle de Violette Nozière s'arrête, lui, en 1933 avec son procès.

Florence Rey & Audry Maupin

L'amour meurt place de la Nation

Florence et Audry n'étaient pas faits pour vieillir ensemble.

Pas plus que Bonnie and Clyde, Antoine et Cléopâtre, Didon et Énée.

Contre elle, la cour d'assises de Paris a retenu, en 1997, les charges suivantes : « Vols à main armée, meurtres et tentatives de meurtres sur des personnes dépositaires de l'autorité publique dans l'exercice de leurs fonctions ayant précédé, accompagné ou suivi d'autres crimes, enlèvements et séquestrations de personnes comme otages pour favoriser la fuite des auteurs d'un crime, participation à une association de malfaiteurs. »

Verdict un an plus tard : vingt ans de prison, plus de deux millions de francs de dommages et intérêts aux parties civiles. Incarcérée à Fleury-Mérogis pendant six ans puis, après son refus de pourvoi en cassation, à la prison de Rennes, elle est libérée en 2009, pour sa bonne conduite et ses efforts de réinsertion, quinze ans après la fusillade de la Nation.

La cour n'a retenu aucune charge contre Audry. Il était mort fusil à pompe à la main.

Sa mère a rendu visite à Florence en prison jusqu'en 2001. « Moi je suis une femme et j'ai perdu un fils, elle, c'est une femme et elle a perdu son amoureux. On aimait le même homme », disait-elle.

*
**

La jeune fille a dix-neuf ans, le garçon vingt-deux quand les hasards de la vie et de l'amour vont sceller leur destin commun. Florence vit à Aubervilliers, Audry étudie la philosophie à Nanterre et fait de l'escalade avec le club de Bezons. Ils se rencontrent à la fac, se plaisent, ne se quittent plus.

Qui a eu l'idée de braquer des banques ? Audry et son copain, Abdelhakim Dekhar, qui vit à Aubervilliers. Et quand Audry a fait part du projet à Florence, elle ne l'a pas arrêté d'un haussement des épaules. Ce qui aurait pu être une parole en l'air, une fanfaronnade, est devenu un objectif commun.

Pour braquer des banques, il faut des armes. Un jour de 1994, Audry achète un fusil à pompe à La Samaritaine. « On trouve tout à La Samaritaine », c'est bien connu. Pour augmenter leur petit arsenal, ils décident d'attaquer la préfourrière de Pantin et de voler leurs armes aux gardiens.

Florence entre dans la danse. Elle achète un deuxième fusil à pompe à La Samaritaine. Ils sont presque prêts. Mais prêts à quoi ? À foutre tout en l'air, comme Audry l'a souvent répété à ses parents ?

À vivre leur vie au lieu de la subir ? À transformer le monde au lieu de l'interpréter en s'arsouillant avec des filles. Dans leurs lectures, ils naviguent entre Nietzsche et Guy Debord. « Les spectateurs ne trouvent pas ce qu'ils désirent, ils désirent ce qu'ils trouvent », prophétisait ce dernier. Nous sommes trop jeunes, bien trop jeunes et trop vivants pour devenir des spectateurs, murmure peut-être Audry à l'oreille de Florence.

Il ne reste plus qu'à s'entraîner au tir, acheter des cagoules et des gants. Et à attaquer la préfourrière pour suivre le plan prévu ou le délire d'un soir, on ne sait pas.

*
**

Élevée à Argenteuil dans une famille catholique – « cocon familial pathogène », plaideront ses avocats à son procès en invoquant la schizophrénie de son père –, Florence est farouche, studieuse, sensible. Loin, très loin du cliché de la tueuse froide, braque et butée. Elle n'est pas encore l'icône que les médias feront d'elle, malgré elle.

« La meurtrière à l'écorchure sur la pommette droite » : on aurait pu légender ainsi la photographie anthropométrique de Florence Rey diffusée par tous les journaux après son arrestation. Visage boudeur, tignasse blonde, regard fixe, pétrifié par l'objectif. Une figure hiératique sublime, entre *La Dame à l'hermine* de Léonard de Vinci et le poster de Che Guevara que tous les adolescents du monde ont accroché un jour au-dessus de leur lit.

L'injustice de l'histoire veut qu'on retienne toujours le nom et le visage de tueurs, rarement ceux des victimes.

Qui se souvient de Thierry Maynard, le gardien de la paix abattu à trente ans place de la Nation ? De Laurent Gérard, vingt-cinq ans, gardien de la paix, lui aussi abattu dans les mêmes circonstances ? De Guy Jacob, motard de la Police nationale mort à trente-sept ans des suites de ses blessures, peu de temps après la tuerie ? Et qui se souvient d'Amadou Diallo, le chauffeur de taxi guinéen que les amants terribles ont détourné de son trajet afin de s'enfuir ?

*
**

Pour résumer le plus objectivement possible la nuit du 4 octobre, un journaliste dira : « Trente minutes, cinq personnes dont trois policiers ont été tuées. » Des cinq morts, l'histoire n'a immortalisé qu'un nom : Audry Maupin. Pendant ce temps, les veuves et les enfants pleurent, tentant comme ils peuvent de continuer à vivre, subissant l'opinion commune qui vous explique benoîtement, toujours au moment où vous avez le moins envie de l'entendre, que la vie est plus forte que tout, qu'il ne faut pas s'enfermer dans son deuil.

Évidemment, les policiers morts en service seront cités à l'ordre de la Nation et décorés de la Légion d'honneur.

Évidemment, les hommes politiques réclameront l'application de la peine la plus sévère pour les criminels sans foi ni loi, qui n'étaient fichés par aucun service de police.

Évidemment, les partis politiques les plus opportunistes profiteront de l'horreur pour remettre sur le tapis une autre horreur que l'on croyait oubliée : la peine de mort.

Et en face, que se passe-t-il, de l'autre côté de la barrière qui, malgré la compassion et le pardon, séparera toujours l'assassin de sa victime ? En face, la légende fourbit ses armes.

Pour apprivoiser le mystère d'un meurtre qui paraît gratuit, absurde, la sauvagerie qu'il recèle, la panique qu'il inspire, on prête souvent une ascendance glorieuse à ses auteurs. On puise dans le grand stock de nos peurs collectives, des contes de notre enfance, des idéologies messianiques, des fables apocalyptiques, pour donner une forme à ce qui ne ressemble à rien. En Florence Rey, certains ont cru reconnaître la fille naturelle de Nathalie Ménigon ou de Joëlle Aubron, les terroristes d'extrême gauche d'Action directe.

On a dit aussi que les pauvres amants en déshérence avaient été manipulés par les services secrets algériens en la personne de leur complice Abdelhakim Dekhar. Ou qu'ils étaient des enfants perdus de la cause étudiante.

D'autres, croyant savoir qu'une affiche du film d'Oliver Stone *Tueurs-nés* avait été retrouvée dans leur squat, en ont fait un couple shakespearien programmé pour l'amour à mort.

Charles Pasqua, ministre de l'Intérieur, les a stigmatisés en anarchistes nihilistes, rappelant l'urgence qu'il y avait à voter de nouvelles lois sur la sécurité. Quant aux belles âmes, musiciennes ou littéraires, elles les ont sacralisés en cœurs furieux et perdus, anges exterminateurs du vieux monde et de l'ordre bourgeois.

Au procès de Florence, la femme du chauffeur de taxi guinéen consolera la mère d'Audry tombée en larmes dans ses bras avec des mots beaucoup plus sobres : « J'en veux pas à ton fils, ni à la petite qui est là, pleure pas, c'est le destin. »

⁂

C'est ainsi qu'un fait divers d'une violence inouïe devient une légende : on l'interprète à la hâte, on l'auréole d'une gloire factice pour ne pas voir sa réalité la plus sordide et souvent la plus bête.

Mais les faits sont plus têtus que les interprétations. Ce soir-là, le 4 octobre 1994, place de la Nation, ni Che Guevara ni la communarde Louise Michel ne sont convoqués. Il y a juste un trio qui essaie de s'enfuir après avoir braqué les gardiens de la fourrière et emporté quelques calibres 38. Dans la fuite, le trio se disloque : Abdelhakim Dekhar, le complice, ami et compagnon de route, décroche le premier. Le couple se retrouve uni dans la panique, se croyant déjà pris en chasse par la police.

Florence pense qu'ils n'ont plus le temps de rejoindre le métro pour rentrer à Nanterre, elle se met à courir au milieu de la rue, comme Belmondo dans la dernière scène d'*À bout de souffle* de Jean-Luc Godard, et s'engouffre dans un taxi. Son amoureux la suit, médusé par l'instinct vital de celle qu'il aime et qui braque son flingue sur la nuque du chauffeur de taxi. « Fonce ! À Nation ! À la moindre embrouille, je te crame ! »

Ils ont pu dire ces mots-là, ou des milliers d'autres, peu importent les mots, ceux qui fusent dans ces cas-là sont des blocs de peur crachés à la tête du premier venu. Le médecin, passager du taxi, a beau leur dire qu'ils sont jeunes, qu'ils n'ont pas l'air méchants, qu'il faut rester calme, il suffit d'une réplique de Florence pour dynamiter son petit rempart de sagesse et de raison : « Pas de psychologie, docteur Freud ! »

Ensuite tout se précipite, avec la mécanique du hasard, certains penseront du diable, qui a ses raisons que la raison ne connaît pas.

Place de la Nation, à l'angle du boulevard de Charonne et du cours de Vincennes, le feu est au rouge. Il était au rouge aussi, porte de Clignancourt, quand Mesrine a été abattu par les tireurs du commissaire Broussard. Une voiture de police en patrouille croise le taxi du couple en cavale. Pour la première fois de sa vie sans doute, le chauffeur de taxi décide de brûler le feu devant une voiture de police. Il provoque l'accident, espérant sauver sa vie et celle de son passager. C'est la vie de trois policiers qu'il vient de sacrifier.

Inconscients du danger, les trois gardiens de la paix sortent de leur voiture. La vitre avant gauche du taxi est abaissée : la mort en fait son chemin le plus court. Un premier policier s'effondre presque sous les yeux du couple sans avoir effleuré son arme. Le deuxième est abattu dans le dos. Le troisième ouvre le feu. Des badauds sont touchés et tombent à leur tour.

Qui tire ? Qui riposte ? Qui meurt ? Qui a peur ? Qui comprend ce qui se passe ? Personne et tout le monde.

L'instinct décide, celui qui tire le premier a souvent raison. Tout le monde tue tout le monde même si personne ne voulait tuer personne.

« Précipitamment et maladroitement, il ôta la sûreté de l'automatique. – Haut les mains ! cria-t-il avec niaiserie », écrit Jean-Patrick Manchette dans son roman *Trois hommes à abattre.* Ah, le temps du roman et son mélange parfait d'ironie, de douceur et de délicatesse, même dans le crime et le sang ! Florence et Audry, les amants terribles, en sont si loin. Avec eux, ça trace, ça siffle, ça hurle. Ils vivent à tombeau ouvert.

Ce soir-là, deux policiers de vingt-cinq et trente ans sont exécutés à bout portant par Audry.

Et après ? Course-poursuite bien sûr. Cette fois, c'est le jeune homme qui est à la manœuvre, réponse du berger à la bergère. Florence a eu l'audace de prendre le taxi d'Amadou Diallo en otage. Après l'abandon du taxi sous la mitraille, Audry détourne une Renault Super 5, espérant s'enfuir par la porte de Vincennes et Saint-Mandé.

« C'était comme dans un film… » dira le second chauffeur pris en otage. À nouveau, ça crie, ça klaxonne, ça sent la sueur, la peur et le sang. Avec toujours cette marge d'erreur, cette approximation, cette improvisation fatale qu'il y a dans la réalité, jamais dans la fiction. La petite Renault noire arrive dans le bois de Vincennes, prise en chasse par un motard. Audry l'allume à travers la vitre arrière. La course folle poursuit sa course folle. Jusqu'au prochain barrage de police.

« Le réel, c'est quand on se cogne », aimait dire Jacques Lacan. Ici, c'est le barrage de police qui joue le rôle du réel.

Nouvelle fusillade. Qui tire ? Qui riposte ? Qui meurt ? Qui a peur ? Qui comprend ce qui se passe ? Personne et tout le monde. Comme tout à l'heure, comme toujours. Des corps s'écroulent. Audry s'effondre, lâchant enfin son fusil à pompe. Il n'est pas mort. Florence a le temps de l'embrasser avant que son corps ne soit transféré à l'hôpital du Kremlin-Bicêtre. Une demi-heure plus tard, une éternité quand on aime, il meurt. « Que devient le rêve quand le rêve est fini ? » avait écrit Florence à l'époque où elle vivait avec son amoureux dans un squat de Nanterre.

Pour celle qui reste, le silence commence.

***

Il faudra une journée avant qu'elle décline son identité. À son procès, en septembre 1998, elle demeure prostrée pendant les deux semaines d'audience.

Devant le juge d'instruction qui menait son interrogatoire, Florence Rey a déclaré un jour : « Je regrette que cela se soit passé parce que cela a fait souffrir beaucoup de gens et que c'était stupide. Sur le moment je n'ai pas réfléchi avant de suivre Audry. » Une personnalité fragile, un cocon familial pathogène, un amour fusionnel, résumeront ses avocats.

Le tueur-né existe-t-il ? Ne naît-il pas plutôt de conflits irrésolus avec sa famille, soi-même et son époque à la faveur d'errances, de dérives idéologiques, de détresses, d'abandons, de démissions et des rencontres qui s'ensuivent ?

Souvenez-vous des vers de Rimbaud :

« Les aubes sont navrantes, / Toute lune est atroce et tout soleil amer : / L'âcre amour m'a gonflé de torpeurs enivrantes. / Ô que ma quille éclate ! Ô que j'aille à la mer ! »

À leur manière, Florence Rey et Audry Maupin ont pris la mer sur leur bateau ivre.

Là est peut-être la réponse à la question que le père d'Audry s'est posée après la mort de son fils : « Y a-t-il des choses que j'aurais dû voir ? »

L'Œil de Frédéric

Chaque fois que j'entends que ce fait divers rappelle *Tueurs-nés*, le film d'Oliver Stone, ça me rend dingue ! Ce n'est pas parce que les deux histoires sont « sorties » la même année, en 1994, qu'elles se ressemblent. L'histoire de la fusillade de la Nation me ferait plutôt penser à *La Fureur de vivre* de Nicholas Ray.

Pour moi, il n'y a pas de « tueur-né ». Cela ne veut rien dire. On ne naît pas tueur, on le devient et je ne crois pas au chromosome du crime. Ensuite, je pense que ni Florence Rey ni Audry Maupin n'étaient des tueurs programmés, sauvages et cruels. Je les vois plutôt comme deux anges égarés.

Regardez-les : ils ont dix-neuf et vingt-deux ans, un âge où l'on est loin de s'être trouvés, ils sont vulnérables, influençables. Des failles, des fêlures, des blessures secrètes, ils en ont sans doute plus que la moyenne des ados ou alors ils ne sont pas parvenus à les colmater, à les cicatriser. Ajoutez à cela le détonateur de l'amour, car ils sont follement amoureux, et vous obtenez un cocktail explosif, une vraie bombe.

Ne croyez pas que je les innocente, un crime est un crime, et ils n'ont pas hésité à tuer à plusieurs reprises des gens qui n'avaient rien à voir avec leur histoire. Ça me ramène à une de mes convictions : au cours d'une existence, il y a des rencontres qui vous tirent vers le haut et d'autres qui vous font plonger. Et c'est à l'adolescence que ces rencontres diaboliques ou bénéfiques sont décisives. Si la bonne transmission ne se fait pas au bon moment, ça peut déraper vite.

Ado, on est une proie facile, on cherche ses repères, on se sent mal avec soi-même, dans sa famille, son milieu, alors on se met en quête d'émotions fortes, on veut se confronter à plus grand que la vie. On veut montrer qu'on est au-dessus de tout : la Loi, le Bien, le Mal, on s'en fout un peu, ce qui compte c'est de se sentir puissant, libre, de se donner cette illusion-là, ce frisson, alors qu'on est juste exposé au premier coup de vent qui peut vous emporter.

Moi aussi, j'ai été un ado éperdu, mais sans doute ai-je fait les bonnes rencontres… C'est pourquoi l'histoire Rey-Maupin me touche. Ils ne sont pas Bonnie & Clyde, avec toutes ces légendes qu'on colle par facilité sur des phénomènes qui échappent à notre raison. Juste deux anges égarés qui basculent à un moment critique, passent de l'autre côté de la route et qui, lorsqu'ils sont rattrapés par le réel, paniquent et tirent à tout-va. C'est terrible. Terrible pour leurs parents, terrible pour les familles des victimes, terrible aussi parce que, demain, Florence et Audry pourraient être nos enfants.

13e ARRONDISSEMENT

JACQUES

MESRINE

Jacques Mesrine

Le testament du fauve

Depuis sa mort en croix place de la Porte-de-Clignancourt, le 2 novembre 1979 en début d'après-midi, au volant de sa BMW verte, ceinture attachée, au côté de sa compagne Sylvia Jeanjacquot qui perd un œil sous la mitraille des hommes du commissaire Broussard, on a prêté toutes sortes de vies à Jacques Mesrine.

C'est le propre des légendes. Il faut dire qu'à défaut d'avoir eu plusieurs vies, il a pris tous les visages.

Même sa mort est controversée. Certains la considèrent encore comme une exécution illégale, la police ayant, selon certains témoins, ouvert le feu sur sa voiture sans sommations.

Disons que Broussard ne lui a laissé aucune chance. D'ailleurs, le gangster en aurait-il voulu ? Lui qui avait dit un jour au commissaire : « Quand nous nous rencontrerons à nouveau, ce sera à celui qui tirera le premier. » C'est Mesrine qui fixait les règles du jeu, mais pour la dernière partie, il n'avait plus d'atouts. Broussard a fait ce qu'il avait promis : il ne l'a pas raté.

*
**

L'enfant de Clichy, né en 1936 quelques mois après la victoire du Front populaire aux élections législatives, aurait pu faire HEC. C'était le rêve de ses parents, des commerçants aisés. Au prestigieux collège de Juilly, il fréquente les oratoriens sans que naisse aucune vocation. D'un naturel violent, il ne va pas tarder à plonger dans le grand banditisme et devenir l'ennemi public numéro un.

Quand ils parlent de lui, il y a ceux qui prononcent Mesrine en insistant sur le « s » et ceux qui disent *Mérine*. Comme s'il était important de respecter sans l'écorcher le nom d'un homme capable de tuer froidement et de torturer par plaisir. Lui reprenait toujours ses interlocuteurs en disant « Mérine ! ».

« Un petit tueur qui rêvait d'être grand », a dit de lui un criminologue. Une chose est sûre : Jacques Mesrine n'était pas un braqueur ordinaire qui tuait incidemment, même s'il y eut au long de sa carrière des coups de feu inexplicables. Mieux valait ne pas se trouver sur son chemin quand il avait décidé de passer. Rien ne l'arrêtait. Personne ne l'impressionnait.

Braquage, prison, cavale, règlement de comptes, torture, arrestation, planque. Et toujours évasion, évasion, évasion… Dans la vie de Mesrine, les coups de main succèdent aux coups de bluff qui annoncent les coups de feu. Et tous ceux qui l'ont connu évoquent son charisme, sa prestance, son élégance. On ne devient pas ennemi public numéro un par hasard…

*
**

À son retour de la guerre d'Algérie où il s'est engagé comme parachutiste, avec sans doute à son actif quelques « corvées de bois », ces exécutions sommaires de prisonniers algériens de sinistre mémoire, Mesrine braque sa première banque, un Crédit lyonnais.

Nous sommes en 1962, près de Louviers, au Neubourg exactement, où ses parents ont une maison de campagne. Première arrestation. Première année de prison à Évreux, puis à Orléans.

Le destin du héros tragique est déjà scellé.

Il n'a plus qu'à se répéter, ici ou là, qu'importe, pourvu qu'il ait l'ivresse d'une vie folle, à trois cents kilomètres à l'heure, des Canaries au Nebraska, du Québec à Caracas, en passant par Boulogne-Billancourt et Le Raincy.

Jacques Mesrine visite les banques, les hôtels, les bijouteries, les maisons de couture, les casinos. Il séquestre et rançonne des milliardaires, il flambe au Waldorf-Astoria de New York, au Venezuela, à Trouville.

Ses évasions sont souvent aussi spectaculaires que ses arrestations, comme celle de la prison de Percé et celle de Saint-Vincent-de-Paul au Québec. Mais, surtout, au tribunal de Compiègne en 1973 où, muni du pistolet qu'un complice a caché dans les toilettes du palais, il prend en otage le magistrat Guérin. Une mise en scène soigneusement répétée, y compris les grimaces de douleur de Mesrine qui doit persuader ses gardiens de l'intensité de ses maux de ventre afin de détourner un instant leur attention.

L'existence du braqueur criminel, mythomane sur les bords et qui a toujours revendiqué plus de meurtres qu'il n'en a commis, est faite d'une série de crimes et de délits accomplis avec plus ou moins de panache et d'effusions de sang. Il n'est pas le Robin des Bois que certains journalistes veulent bien décrire. « Le grand », comme il se nomme lui-même, se laisse aller à quelques bassesses, comme lorsqu'il tue froidement deux gardes-chasse québécois qui ont juste eu le malheur de croiser son chemin, ou quand il s'attaque à une usine de Gisors et à une imprimerie parisienne pour voler la paie des ouvriers. Pas très gentleman, le cambrioleur ! Ni très solidaire.

Les journalistes, il les nargue, il les bluffe, les fait venir à lui d'un claquement de doigts. Qui refuserait, même au péril de sa vie, une interview exclusive avec l'homme le plus recherché de France et peut-être même d'Europe ?

En 1979, Jacques Tillier, journaliste à *Minute*, en fera cruellement les frais. Pour avoir écrit que Mesrine était « *un bandit sans honneur* », il se retrouve nu, tabassé, le corps troué de trois balles dans une forêt près de Senlis. Il s'en sortira malgré tout.

*
**

Depuis sa mort sous le feu des hommes de l'Antigang, l'ennemi public numéro un a nourri plus d'un fantasme, fait naître une légende là aussi plus grande que lui. Dans le grand martyrologe des criminels, c'est lui qui monopolise la place d'honneur.

En Jacques Mesrine, on a cru voir ou reconnaître une multitude de personnages différents.

Un salaud magnifique, flambeur désespéré et autodestructeur comme le Gatsby de Fitzgerald.

Un braqueur de western, jouant les Jesse James dans la France giscardienne.

Un enfant perdu de la guerre d'Algérie, manipulé par l'OAS.

Une icône révolutionnaire poursuivant, à sa manière, la guérilla de Che Guevara.

Un justicier anarchiste, héritier de la bande à Bonnot.

Un héros contemporain à l'écoute des petits et des faibles, en guerre contre l'arrogance des nantis.

Un jouisseur sans entraves, détraqué par Mai 68.

Un militant révolté du GIP, le Groupe d'information sur les prisons, fondé par l'historien Pierre Vidal-Naquet et le philosophe Michel Foucault pour donner la parole aux détenus et exiger l'abolition des Quartiers de haute sécurité.

Car Mesrine est isolé en QHS dès 1973, quand, pour la première fois, le commissaire Broussard l'a fait incarcérer à la prison de la Santé. Son arrestation à son domicile, rue Vergniaud dans le XIIIe arrondissement, est restée dans les annales de la police judiciaire. Après avoir longuement tenté de négocier avec le commissaire, il lui a ouvert la porte et offert le champagne en disant : « Tu ne trouves pas que cette arrestation a de la gueule ? »

La société fait l'homme mais elle peut également faire la bête. Pire, elle peut fabriquer le fauve. Un fauve à qui elle interdit tout espoir de retour. C'est ce qui s'est passé pour Mesrine. Il sait désormais qu'il doit aller jusqu'au bout, et que sa fin sera violente.

Là est sa morale, de là aussi vient son dangereux pouvoir de fascination. Et Dieu sait qu'il fascine ! On lit ses livres, on lui consacre des films, des débats. Et on reprend ses paroles, oubliant souvent ses actes.

La morale du fauve est politique : « Les Quartiers de haute sécurité, c'est de l'assassinat légalisé », confiait Mesrine à *Libération* en 1978.

La morale du fauve est modeste : « Je ne suis ni un justicier ni un héros. Je suis un homme d'action qui n'est pas trop con et qui fait des actions que tout le monde ne ferait peut-être pas. »

La morale du fauve est suicidaire : « Je ne trouve pas plus con de mourir d'une balle dans la tête que de mourir à Usinor en travaillant pour le Smic. »

La morale du fauve est relativiste : « Si je pique vingt millions à une banque, ce n'est pas un drame. »

La morale du fauve est instinctive : « Je suis un type révolté qui vit sa révolte. »

La morale du fauve est lucide : « Je suis incapable de vivre avec deux mille cinq cents balles par mois et je me demande comment un ouvrier en est capable. »

La morale du fauve est égalitaire : « La vie d'un juge ne vaut pas plus que celle d'un détenu. »

La morale du fauve est fataliste : « Je ne vais pas vous dire que mourir le calibre à la main, c'est une mort d'homme. Une mort d'homme, ça n'existe pas. Il y a la mort, tout court. »

*
**

À la fin de l'histoire, la bête doit mourir. Pour que le fauve puisse hanter notre imaginaire.

Autour de la place de la Porte-de-Clignancourt, et bien au-delà des murs où son cri a résonné, le fauve rôde toujours. Quant au commissaire Robert Broussard, il veille.

L'Œil de Frédéric

« Le cynisme, c'est connaître le prix de tout et la valeur de rien. » J'adore cette définition du cynisme d'Oscar Wilde. Mesrine, pour moi, c'est le cynisme d'un homme qui rencontre le cynisme d'une époque. Lui, il se fout vraiment de tout, il est brillant, ambigu, violent, imbu de lui-même et en même temps extrêmement lucide, plein de sang-froid, de cruauté et d'autodérision. Je suis sûr que, jusqu'au bout, il a été fier du surnom que la presse lui donnait : l'ennemi public numéro un. Cela devait être un honneur pour lui, une consécration, une reconnaissance de sa réussite. C'est fou, non, de penser qu'on peut réussir dans le crime ?

Je me souviens très bien de sa mort et des photos de sa BMW mitraillée dans les journaux, de sa tête ensanglantée sur le volant. J'avais onze ans à l'époque. C'était le parfait profil du voyou de grand chemin qui fascine et qui fait flipper, l'alliance de la crapule et du gros nounours amoureux – à ne pas confondre tout de même avec Winnie l'ourson –, si l'on pense au testament audio qu'il laisse à sa dernière fiancée avec la musique du film *Midnight Express.*

Il ne croit en rien, sauf en lui-même et en son destin, il protège même sa famille. Il ne cherche pas à se poser en justicier ou en héros, il veut juste réussir des coups de plus en plus spectaculaires dans une sorte de surenchère permanente, comme pour se prouver à lui-même qu'il est bien le meilleur, le plus intelligent, le plus violent, qu'il mérite pleinement son titre de gloire d'ennemi public numéro un.

Il vend son image aux journaux. Il annonce ses coups, ses crimes, ses évasions et, à chaque fois, il tient ses promesses. Il fait des bons mots, pour maintenir le suspense et la pression, comme lorsqu'il dit au commissaire Broussard : « La prochaine fois, le premier qui tirera aura raison. » Il fonctionne un peu comme la bande-annonce de son propre film. Sa logique est sans faille et lui fait tenir le haut du pavé pendant plus de vingt ans.

« Dans le métier, si un jour par pitié on laisse la vie à un rival ou à un ennemi, on se condamne soi-même à mort. » C'est ce qu'on a retrouvé dans sa dernière planque, balancée par un indic. Tous les bandits commettent un jour une faute. Peut-être Mesrine a-t-il failli volontairement à sa propre règle, programmant ainsi sa fin.

14e ARRONDISSEMENT

ACTION

DIRECTE

Action directe

La logique folle du commando Pierre Overney

Dans son *Dictionnaire amoureux du crime,* le criminologue Alain Bauer observe qu'on reconnaît les actes terroristes au moins à cinq critères : ils sont discontinus, secrets ou, plus exactement, préparés en secret par des organisations clandestines ; leurs buts sont politiques, leurs cibles symboliques et leur finalité est d'entraîner la mobilisation du peuple afin d'accélérer la révolution.

À leur procès, les terroristes demandent souvent à être jugés comme des prisonniers politiques, ruse ultime pour délégitimer la justice au nom de sa compromission avec la société bourgeoise ou avec l'État répressif et trompeur. Ruse subtile, également, pour faire oublier qu'ils sont surtout, et peut-être avant tout, des assassins. C'est-à-dire, selon la définition du Code pénal, des personnes qui commettent des meurtres avec préméditation et guet-apens.

Demander à être jugés comme des prisonniers politiques en retournant les chefs d'inculpation contre leurs victimes, en se lançant dans de longues diatribes idéologiques, ou en se comportant comme s'ils n'étaient pas devant une cour d'assises spéciale mais au théâtre ou à la télé, ou au zoo, c'est ce que firent à leur procès les quatre militants d'Action directe, Jean-Marc Rouillan, Nathalie Ménigon, Joëlle Aubron et Georges Cipriani.

De toutes les formes que le terrorisme peut prendre, sa version révolutionnaire est la plus spectaculaire, la plus fantasmatique et souvent la plus meurtrière. Car le terrorisme révolutionnaire est vécu par ses militants comme une passion, une méthode et une guerre. Une passion dévorante, absolue, à laquelle on sacrifie tout et que l'on ne renie pas ; une méthode implacable, qui ne remet jamais en cause la dureté de ses fins ; une guerre totale contre un ennemi diabolisé et souvent imaginaire.

C'est ainsi que des hommes et des femmes meurent, assassinés pour des mots, des bouts d'idées, des lambeaux d'idéologies cousus les uns aux autres, un peu d'anarchisme, de communisme, de léninisme, de maoïsme, un peu de gauchisme, le tout porté à ébullition et cristallisé par Mai 68 avec, au bout du chemin, le sang, la mort, l'échec.

Le 17 novembre 1986, boulevard Edgar-Quinet dans le XIVe arrondissement, les membres d'Action directe vont réussir leur coup, une fois de plus. Et faire couler le sang.

*
**

Il est bientôt 20 heures, le « Collaro Show » vient de se terminer, un chef d'entreprise rentre chez lui, sa serviette de cuir à la main. Son chauffeur ne le dépose pas devant son domicile, au numéro 16, mais à une cinquantaine de mètres de là. Pourquoi prendrait-il des précautions ? Même si le terrorisme a frappé Paris à de nombreuses reprises depuis le début des années 1980, le pays n'est pas en guerre et ce grand patron ne se sent pas directement menacé. En 1985, il a été appelé pour redresser l'entreprise Renault qui va mal. Et dans l'immédiat, il ne pense qu'à rejoindre sa femme et ses enfants pour dîner.

Il se nomme Georges Besse, est âgé de cinquante-huit ans. Il incarne le patron normal, qui refuse les voitures blindées, les gardes du corps et préfère la plupart du temps conduire lui-même sa R11 plutôt que de profiter de la R25 de fonction.

Avant de prendre la direction de la Régie Renault, il a dirigé Pechiney-Ugine-Kuhlmann, la Cogema, Eurodif et une filiale d'Alcatel. Il fut aussi chargé par le général de Gaulle de promouvoir l'énergie nucléaire civile. Il est ce qu'on appelle un grand serviteur de l'État.

Ce soir-là, il n'aura pas le temps de pousser la porte de son immeuble. Il s'effondre dans la rue, une balle dans l'épaule, une deuxième dans le cou, une troisième dans la tête. Nathalie Ménigon et Joëlle Aubron, vingt-neuf et vingt-sept ans, viennent de l'abattre à bout portant. L'une l'a dévisagé pour être certaine de ne pas se tromper de cible avant de tirer, l'autre l'a achevé au sol. Dans leur appartement situé à quelques mètres de là, madame Besse et ses enfants ont entendu les coups de feu dans la nuit tombée mais n'ont pas compris que quelqu'un venait de se faire tuer. Dans quelques minutes, les gyrophares des voitures de police et les flashs des photographes vont illuminer tout le quartier.

François Mitterrand, en voyage au Burkina Faso, réagit tout de suite et rédige un communiqué : « Avec Georges Besse, la France perd un numéro un. » Moins solennel, Jacques Chirac, Premier ministre de la cohabitation, arrive sur les lieux et déclare : « C'est horrifiant, il n'y a que des bêtes qui se conduisent comme ça. »

La police retrouve des douilles de balles sur le trottoir et, le lendemain, des tracts au métro Raspail où les tueuses sont passées dans leur fuite. Ces tracts, marqués de l'étoile à cinq branches du groupe Action directe créé sept ans plus tôt, sont signés « Commando Pierre Overney », du nom d'un militant maoïste de la Gauche prolétarienne tué en février 1972 par un vigile de l'usine Renault de Billancourt, au cours d'une manifestation où, avec d'autres, il commémorait le massacre du métro Charonne dix ans plus tôt : une répression sanglante contre des manifestants anti-OAS qui avait fait neuf morts.

Un homme s'est écroulé à la porte de sa maison, à quelques mètres des siens qui l'attendaient pour dîner.

Sur le trottoir, l'eau a lavé le sang mais une question lancinante demeure, pour ses proches comme pour tous ceux qui voient dans le terrorisme le mal radical donc incompréhensible : pourquoi a-t-on assassiné le P-DG de Renault ? Pourquoi l'a-t-on abattu si froidement ?

Georges Besse est mort parce qu'un groupe terroriste a changé de stratégie, passant de la déstabilisation par la propagande à la lutte armée pour la révolution prolétarienne.

Il est mort parce que des activistes ont décidé de devenir des guerriers. Au début, ils se sont « contenté » de saboter le système capitaliste et impérialiste en faisant feu sur ses rouages, ses institutions, ses corps constitués, en mitraillant le siège du patronat, des bâtiments de l'armée, des ministères. Puis un jour, le champ d'intervention a changé, on a redéfini le théâtre des opérations et ajouté des cibles humaines aux plastiquages de lieux hautement symboliques.

Georges Besse est mort parce que, début 1985, Action directe a fusionné avec la Fraction armée rouge allemande, la FAR, et que les violences ont redoublé. En 1982, voyant combien le mouvement qu'il avait créé se radicalisait, Jean-Marc Rouillan avait fait un aveu étrange à Claude Cancès, le patron de la Brigade criminelle : « Action directe m'échappe, les durs prennent le pouvoir. »

Georges Besse est mort parce qu'en Allemagne la RAF a déjà exécuté des cibles symboliques : Gerald von Braunmühl, haut fonctionnaire du ministère des

Affaires étrangères, Karl Heinz Beckurts, administrateur de Siemens, Ernst Zimmermann, président des Industries aérospatiales.

Il est mort parce que Action directe a entamé, l'année précédente, un alphabet sanglant, appliquant à la lettre sa logique meurtrière.

A comme René Audran, directeur des affaires internationales au ministère de la Défense, tué de huit balles devant chez lui à La Celle-Saint-Cloud, le 25 janvier 1985.

B comme Henri Blandin, contrôleur général des armées, qui manque d'être assassiné le 26 juin de la même année.

B encore, comme Guy Brana, vice-président du CNPF qui, le 15 avril 1986, échappe lui aussi miraculeusement aux tueurs qui l'attendaient devant chez lui.

Georges Besse est mort parce que Jean-Marc Rouillan et Nathalie Ménigon, pourtant piégés par la police qui s'était fait passer pour un commando proche du terroriste Carlos, et arrêtés en septembre 1980 rue Pergolèse, sont sortis de prison à la faveur de l'arrivée au pouvoir de François Mitterrand et de la loi d'amnistie de 1981.

Il est mort parce que les militants du commando Pierre Overney sont des tueurs professionnels : ils l'ont prouvé en éliminant un indicateur de police, Gabriel Chahine, en mars 1982 puis, l'année suivante, deux gardiens de la paix, Émile Gondry et Claude Caïola, avenue Trudaine, au cours d'une fusillade impromptue.

Il est mort, enfin, parce que la phraséologie révolutionnaire pèse plus lourd sur certains esprits que leur propre conscience. Voulez-vous deux exemples de la rhétorique d'Action directe ? « Le consensus est l'arme politique du totalitarisme dans sa version technologique », et l'expression inventée par Jean-Marc Rouillan pour désigner un braquage : « une opération de réappropriation prolétarienne ».

Les assassins de Georges Besse avaient pour but de débloquer la réalité sociale par la lutte armée au service de la révolution prolétarienne, ainsi que l'avait formulé Jean-Marc Rouillan, formé à la lutte antifranquiste dans son adolescence toulousaine. Ils voulaient organiser la résistance du prolétariat pour empêcher la bourgeoisie de déclencher une troisième guerre impérialiste en s'appuyant sur les quartiers et les usines afin d'ouvrir un front politico-militaire en Europe de l'Ouest.

Les résultats, on les connaît : des hommes qui tombent et le sang qui macule les trottoirs.

*
**

En octobre 1984, Pierre Joxe, le ministre de l'Intérieur de l'époque, a créé l'UCLAT (Unité de coordination et de liaison antiterroriste), une petite unité autonome rattachée à la direction de la Police nationale. Sa mission ? Authentifier, classer, centraliser et recouper systématiquement les données concernant l'activité des réseaux terroristes. « Comment voulez-vous que l'Europe puisse construire un dispositif centralisé de lutte contre le terrorisme alors que des intérêts diplomatiques, politiques, économiques énormes sont en jeu ? » déclare à l'époque François Le Mouël, directeur de l'UCLAT. Désormais, tout sera mis en œuvre pour que les informations provenant de la DST, de la DGSE, du Quai d'Orsay, des Renseignements généraux ou de la PJ soient systématiquement analysées et comparées.

Le 21 février 1987, la mobilisation de toutes les polices porte enfin ses fruits : trois mois après l'assassinat de Georges Besse, Charles Pasqua, nouveau ministre de l'Intérieur, qui disait vouloir « terroriser les terroristes », annonce que les tueurs ont été arrêtés dans une ferme du Loiret, à Vitry-aux-Loges. Louée sous un faux nom par Georges Cipriani pour le compte de prétendus scientifiques belges, elle abritait en fait Jean-Marc Rouillan et Nathalie Ménigon, connus par les fermiers voisins sous les noms de Robert et Nadine. Contrairement à ce qu'on a pu dire, ils n'ont pas été arrêtés après dénonciation du voisinage, même si les portraits des quatre terroristes avaient été largement publiés dans la presse et affichés sur les murs des grandes villes. L'offre de prime (un million de francs à toute personne susceptible de fournir une piste) aurait pu aussi délier les langues, mais personne n'a reconnu, dans ces fermiers plutôt sympathiques, les « guérilleros urbains », Rouillan et Ménigon, le couple le plus recherché de France. C'est une pure coïncidence suivie d'une solide enquête qui les a fait tomber : une femme appartenant à la DST a identifié Nathalie le jour où elles se sont croisées chez le même gynécologue à Tours !

Les hommes du RAID ont maîtrisé les terroristes par surprise et ils ont peu résisté. Dans la ferme, entre les chèvres, les hamsters, les confitures, les bières et les textes révolutionnaires, les policiers ont trouvé des milliers de documents, mais aussi des pistolets-mitrailleurs, des explosifs et une liste de cibles à séquestrer ou à tuer. Et ils ont découvert la serviette de Georges Besse, dont le cuir avait été découpé pour fabriquer des fourreaux pour leurs armes.

*
**

Quelques années après l'assassinat de son mari, madame Besse, à qui un journaliste demandait ce qu'elle comprenait des raisons qui avaient poussé les militants d'Action directe à accomplir l'irréparable, répondit avec modestie et dignité que seule « une inversion totale du sens » pouvait expliquer leurs actes.

L'inversion du sens, ce n'est ni la folie, ni le non-sens ou l'absurdité. C'est l'application paranoïaque d'une logique qui trahit ce qu'elle croit défendre.

Première inversion du sens : abattre un homme au nom de slogans révolutionnaires répétés pendant des années sans en changer une ligne. C'est pourtant grâce aux mots que les hommes se comprennent, dialoguent, font circuler les idées. Là, ils les bloquent.

Il y a ceux qui font parler la poudre et ceux qui font parler les mots, mais il existe une troisième catégorie d'hommes bien plus dangereux, ceux qui font parler la poudre au nom des mots. Leur logique est simple : je décide que tu es un agent de la bourgeoisie impérialiste, donc je te tue. Ou, plus précisément, je ne te tue pas, je t'élimine, car tu n'existes pas, tu n'es qu'un obstacle matériel au triomphe de ma cause.

Au cours de son procès, Jean-Marc Rouillan se lance dans un réquisitoire d'une obstination idéologique sans faille contre sa victime ; il justifie l'assassinat du patron de Renault en le jugeant coupable d'avoir tenté « de résoudre les contradictions du système capitaliste par une atomisation extrême de la classe exploitée ». La messe est dite, elle peut être répétée jusqu'à la fin des temps. Ou cesser faute de combattants.

Deuxième inversion du sens dans l'assassinat du 17 novembre 1986 : Action directe a exécuté un fils du peuple au nom du prolétariat. Georges Besse n'était en rien un héritier de la grande bourgeoise parisienne. Il était un Auvergnat dont le père posait des lignes aux PTT, et ne devait sa réussite qu'à ses propres mérites reconnus par les bonnes écoles de la République, Polytechnique et l'école des Mines.

Troisième inversion du sens : ils ont éliminé un patron dont la seule obsession était de sauver son entreprise, donc de protéger ses ouvriers. Dans sa dernière interview, Georges Besse, qui voulait redresser Renault par la négociation et la transparence avec l'État comme avec les syndicats, avait confié : « Quand on perd 12,5 milliards de francs, j'aime autant vous dire que la maison vacille sur ses bases. » Le 18 novembre 1986, lorsque les ouvriers de chez Renault ont appris l'assassinat de leur patron, ils ont été aussi horrifiés, indignés, écœurés que les propres enfants Besse. La seule différence, c'était le chagrin.

Quatrième inversion du sens : les terroristes étaient prêts à tuer et à mourir au nom des prolétaires qui tous les matins pointaient à l'usine, en se moquant bien souvent de leur combat contre la violence d'État et la domination de la bourgeoisie impérialiste. « Ceux qui vivent sont ceux qui luttent », disait Victor Hugo. Mais combien parmi eux ont choisi la révolution pour des raisons parallèles, crapuleuses, narcissiques ou purement criminelles ?

*
**

Jean-Marc Rouillan, le fondateur du mouvement, éveillé aux injustices sociales en Mai 68 et qui a basculé dans la lutte armée ; Nathalie Ménigon, issue d'un milieu modeste, comptable à la BNP ; Joëlle Aubron, fille de bonne famille, étudiante en cinéma ; Georges Cipriani, enfant d'ouvrier, fraiseur à l'usine Renault. En huit ans, Action directe, interdite par un décret en août 1982 pour apologie de la lutte armée, a revendiqué plus de quatre-vingts attentats, tué douze personnes et blessé vingt-six autres.

Lénine les aurait sans doute qualifiés d'« imbéciles utiles » d'une cause perdue.

À l'issue de leur procès, en 1989, la bande des quatre est condamnée à la même peine : réclusion criminelle à perpétuité assortie d'une peine incompressible de dix-huit ans, notamment pour les assassinats de Georges Besse et de René Audran.

Contrairement à de nombreux criminels qui regrettent leurs actes, présentent des excuses pour les morts et les souffrances infligées aux proches, et parfois même demandent pardon, jamais les quatre militants du noyau dur d'Action directe n'exprimeront le moindre remords ou quelque forme de reniement. En 2004, Joëlle Aubron confiera qu'elle ne peut formuler « ni regrets, ni repentirs » et qu'elle trouverait cela « indécent par rapport aux victimes et à ceux qui restent ».

*
**

En août 2008, la chambre d'application des peines de la cour d'appel de Paris accorde la liberté conditionnelle à Nathalie Ménigon, devenue hémiplégique à la suite de deux accidents vasculaires cérébraux.

Libération conditionnelle aussi, en mai 2011, pour Georges Cipriani qui souffre de graves troubles psychiatriques, et pour Jean-Marc Rouillan. Atteinte d'une tumeur au cerveau, Joëlle Aubron a été libérée en juin 2006 et est morte deux ans plus tard, à quarante-six ans, après avoir reconnu que la lutte révolutionnaire, telle que son groupe l'avait menée, n'était plus d'actualité.

« D'eux, on retiendra le souvenir d'un quarteron totalement isolé, “barré”, extraordinairement violent et déterminé. Et en même temps pathétique », dira un journaliste qui avait assisté à leur procès.

*
**

« Aucune machine ne vous exemptera d'être homme. » Cette phrase, ouverture d'une dictée célèbre, est sans doute la citation la plus connue de l'œuvre de l'historien Edgar Quinet. Georges Besse, assassiné sur le boulevard auquel l'historien donna son nom, la connaissait sûrement. Mais pas ses assassins qui crurent, dans un moment exalté de pure logique, de pure folie ou, plus simplement, de pur engrenage, que la révolution, terrible machine à massacrer pour faire naître des avenirs radieux, pouvait les exempter d'être des hommes.

L'ŒIL DE FRÉDÉRIC

Pourquoi faut-il que la Révolution passe par la Terreur ?

« La Terreur, disait Robespierre, c'est le despotisme de la liberté contre la tyrannie. » Au nom de cette idéologie, ou d'une autre d'ailleurs, combien de crimes a-t-on commis dans l'Histoire ? Les historiens du *Livre noir du communisme* se sont étripés pour savoir combien le communisme avait fait de victimes, entre Staline, Mao, Pol Pot et compagnie. Plus ou moins que le nazisme ?

Bien sûr, les deux femmes qui tuent de sang-froid le patron de Renault à la porte de son domicile n'ont rien à voir avec des communistes ou des nazis. Ce qui les guide, c'est l'idéologie révolutionnaire. Elles tuent au nom de la révolution prolétarienne et, toute leur vie, elles resteront convaincues de l'utilité, de la nécessité de leur combat. Pas un doute, pas un regret, pas une excuse. Aucun retour en arrière, la logique doit aller jusqu'au bout, implacable, terrifiante, sans affect ni question, c'est cela la folie de l'embrigadement, de la fanatisation d'extrême gauche comme d'extrême droite.

C'est d'autant plus impressionnant qu'il s'agit de femmes encore jeunes au moment des faits, puisque Nathalie Ménigon et Joëlle Aubron ont vingt-neuf et vingt-sept ans quand elles abattent Georges Besse et que sans doute, de façon très conventionnelle, on tendrait à dire que les femmes sont moins capables de dureté et de violence que les hommes. Tous ces morts, toute cette souffrance, je pense à la souffrance des familles et des proches des victimes mais également à celle des meurtriers en prison durant tant d'années, quelle folie ! Et j'ai du mal à ne pas me dire : quelle absurdité !

La cause prolétarienne a-t-elle progressé avec Action directe ? Évidemment non. Auguste Blanqui, l'éternel insurgé, mort en 1881 et qui passa une grande partie de sa vie en prison, écrivait déjà dans *La Critique sociale :* « Le capital, c'est du travail volé. » Est-ce pour autant qu'il faut assassiner les patrons et les capitalistes ?

15e ARRONDISSEMENT

LA VEUVE

ROUGE

La Veuve rouge

Sainte putain de la IIIe République

Dans le quartier Necker, au cœur du XVe arrondissement, l'impasse Ronsin a toujours été un repaire d'artistes. Constantin Brancusi, Max Ernst, Jean Tinguely y vécurent et y avaient leur atelier.

Le peintre pompier Adolphe Steinheil habitait au numéro 6, villa du Vert-Logis. C'est là qu'il fut étranglé en 1908. Sa mort tragique dans des conditions restées mystérieuses l'a immortalisé bien plus que son œuvre. Il n'avait pas le talent de son oncle, l'illustre Ernest Messonier, le peintre des scènes militaires, la grande gloire de l'art académique dont on se rappelle les tableaux célébrant l'épopée napoléonienne.

Un beau dimanche de Pentecôte de l'année 1908, le valet de chambre des Steinheil, un garçon répondant au doux nom de Rémy Couillard, découvre deux cadavres dans la maison : ceux de son maître, le peintre Steinheil, et de la belle-mère de celui-ci, Marguerite Japy. Étranglés.

Celle qu'on surnommera « la Veuve rouge » a frappé.

Si, traditionnellement, une Veuve noire est une femme qui assassine son mari, son amant, ses enfants, tout ce qui touche de près ou de loin à sa vie familiale et conjugale, la Veuve rouge, elle, est une criminelle bien plus sélective et exceptionnelle : outre son mari et sa propre mère, elle est capable de tuer, en prime, un président de la République.

Elle est, à sa manière, une femme fatale.

L'histoire de Marguerite Steinheil nous plonge au cœur de la IIIe République, scandaleuse et moralisatrice, et dans une des affaires de mœurs les plus singulières du monde des arts.

*
**

Marguerite – dite « Meg » – est une intrigante, une courtisane qui incarne les liaisons dangereuses entre le pouvoir, l'art et le sexe.

Celle qui deviendra la muse d'une multitude d'artistes et d'hommes politiques naît Japy en 1869, dans une famille aisée du Territoire de Belfort. Brune aux longs cheveux qu'elle remonte en chignon, ravissante avec une bouche gourmande et des yeux pénétrants, elle est vive, mutine, irrésistible et compte bien, en se mariant, fuir la province où elle gaspille sa beauté. Un destin l'attend ailleurs, elle en est sûre. Elle n'imagine pas à quel point.

Elle n'a que vingt ans lorsqu'elle rencontre sur la côte basque Adolphe Steinheil, qui en a presque quarante.

Il n'est pas très beau, plus très jeune, mais l'envie de vivre à Paris est la plus forte. Elle l'épouse, il l'emmène, il l'installe.

Très vite, le petit talent de l'artiste s'épuise, son ardeur conjugale également. Frustrée, Meg n'est pas du genre à laisser son entreprise péricliter. Ne se résignant pas à l'infortune artistique de son mari, la jeune femme, aussi dévouée qu'ambitieuse, décide de soutenir sa réputation par d'autres moyens. En vendant ses charmes, elle sera le premier mécène de son époux. Pour y parvenir, elle tient salon et jupons au 6 de la Villa du Vert-Logis qui devient par la même occasion le lieu de rendez-vous de ses futurs amants. Elle puise dans son propre vivier.

Tout à coup, le Tout-Paris s'entiche d'art et de la très charmante Meg Steinheil. Car ce n'est pas l'art que les hommes aiment mais la cuisse. « Lèvres charnues, poitrine avantageuse, cheveux châtains aux reflets cuivrés, teint mat, voix infiniment douce » : c'est ainsi que la décrit l'inspecteur de police Gustave Laurent qui n'aimait pas tellement la peinture avant de la rencontrer.

Artistes en devenir, industriels en vogue, notables en pleine ascension, hauts fonctionnaires de la République, musiciens consacrés, mondains et demimondaines, poètes, écrivains célèbres, princes de sang, riches banquiers, tous et toutes défilent chez la belle Meg.

Et pas des moins prestigieux : Ferdinand de Lesseps, Auguste Bartholdi, Charles Gounod, Jules Massenet, Émile Zola, Pierre Loti et le prince de Galles fréquentèrent un temps ses salons.

Pas étonnant que le président de la République ait entendu parler des talents de madame Steinheil et, incidemment, de celui de son mari.

Félix Faure et Marguerite se rencontrent à Chamonix. À l'époque, elle a vingt-six ans et sa récente maternité a fait d'elle une femme épanouie encore plus attirante et sensuelle que par le passé, s'il est possible. Un regard, un sourire, et le mari venu peindre les paysages alpins est relégué aux oubliettes. Marguerite la fatale devient la Pompadour.

De la monarchie à la République, les noms changent, les mœurs politiques demeurent. Les amis puissants ayant toujours fait les business florissants, l'Élysée passe commande à Adolphe Steinheil, histoire d'acheter le silence du cocu. Le tableau en question s'appelle : *La remise des décorations par le président de la République aux survivants de la redoute brûlée*. Un titre qui, à lui seul, est une merveille de l'art pompier.

Un jour de février 1899, dans le salon bleu de l'Élysée, Marguerite met un peu trop de cœur à l'ouvrage. Le président, fatigué par un emploi du temps chargé, ne résiste pas à cet excès d'amour. Les hurlements affolés de Meg rappellent auprès du couple les huissiers qui s'étaient éloignés par discrétion, et même le chef de cabinet. Le spectacle qui s'offre à leurs yeux les laisse pantois. Marguerite est entièrement nue et le président, juste vêtu de son gilet de flanelle, est renversé sur un sofa et semble à bout de souffle. Les secours ne pourront pas ranimer Félix Faure, qui meurt devant sa maîtresse, impuissante.

En hommage à sa performance érotico-politique, on surnommera madame Steinheil « la pompe funèbre ». Pour la circonstance, Clemenceau eut ce mot excellent, passé à la postérité : « Il voulait être César, il ne fut que Pompée. » Malheureux Félix Faure, sa mort aura marqué davantage que son mandat présidentiel.

Meg a été « évacuée » discrètement des lieux. C'est son premier crime, involontaire bien sûr, mais généreux et joyeux, un crime d'amour en quelque sorte, le crime parfait qui fait mourir sa victime dans un pur moment d'extase. On ne passe pas en cour d'assises pour si peu.

La Veuve rouge poursuit donc sa carrière, brillante et légère. Jusqu'à ce jour fatal du 31 mai 1908.

*
**

L'art parfois appelle le crime.

Ce matin-là, le valet de chambre de la villa des Steinheil découvre le maître de maison étranglé et madame Japy, la mère de Marguerite, inanimée. Certains diront même qu'elle a avalé son dentier ! Elle, on ne sait pas ce qui l'a tuée, du cordon du rideau noué autour de son cou ou de la grosse boule de coton enfoncée dans sa gorge ! Quant à Marguerite, elle gigote sur son lit, presque nue, ligotée et bâillonnée. Mais bien vivante.

Lors des premiers témoignages recueillis par la Police judicaire, la belle livre sa version des faits : trois barbus accompagnés d'une femme rousse – « rousse », insiste-t-elle, « très laide et à l'haleine fétide » – ont surgi dans la villa aux alentours de minuit. Ils seraient venus chercher l'argent des tableaux vendus par son mari. Ils l'ont menacée d'un revolver, se souvient-elle. Le reste… sans doute est-ce si affreux qu'elle reste dans le flou. « Mais vous, madame, pourquoi vous a-t-on épargnée ? » lui demande-t-on. La raison en est simple : ses agresseurs l'auraient prise pour Marthe, sa fille de dix-sept ans qui, heureusement, était absente au moment des faits. Ils ont eu pitié.

Les policiers font la grimace mais ne disent rien. Sauf qu'entre une jeune fille de dix-sept ans et une femme de quarante, pas besoin d'être un fin limier pour faire la différence ! Poursuivons. Marguerite essaie de décrire ses agresseurs : elle a remarqué que les hommes portaient de longs manteaux, qui rappellent les vêtements des rabbins. « Des lévites », précisera-t-elle par la suite dans sa longue série de témoignages contradictoires.

La piste des lévites ? Élémentaire, mon cher Watson ! L'affaire Dreyfus a laissé beaucoup d'amertume dans les mémoires, même si le capitaine a été réhabilité deux ans plus tôt. Peut-être y a-t-il des lévites – ces descendants de Lévi, le fondateur de l'une des douze tribus d'Israël – dans cette sombre histoire ? Ils sont de farouches dreyfusards et, on le sait, Félix Faure s'était opposé à la révision du procès. L'hypothèse selon laquelle ils seraient venus récupérer chez Meg des secrets d'État qui allaient révéler au monde entier la compromission du président de la République avec les milieux politiques nationalistes et antisémites ayant fomenté la perte du capitaine Dreyfus court un temps, aussi saugrenue soit-elle.

Elle sera très vite battue en brèche par un nouveau témoignage de Marguerite qui raconte aux enquêteurs un traumatisme de jeunesse. Alors qu'elle avait seize ans, son grand-père avait été agressé avec son épouse dans son hôtel de Montbéliard par des barbus, des femmes rousses et de mystérieux personnages en blouse noire.

Il n'est pas improbable que l'apparition des lévites dans le récit du double assassinat de l'impasse Ronsin soit due à une réminiscence de son traumatisme d'antan.

Mais là, on est en pleine hallucination.

*
**

En attendant, certains détails troublent la perspicacité des enquêteurs : le soir de l'agression, il y avait un violent orage sur Paris et les agresseurs n'ont laissé aucune trace de boue sur le sol. De plus, Marguerite a été ligotée mais ses liens sont très lâches et la corde provient de sa cuisine. Elle ne porte pratiquement aucune marque de coups. (Interrogé à ce sujet, le médecin laissera entendre qu'elle s'est attachée elle-même et qu'elle serait à l'origine du crime.)

Enfin, elle signale la disparition de bijoux, de tapis et d'autres objets que personne ne se souvient d'avoir vu chez les Steinheil.

Peu à peu, les soupçons se tournent vers elle. Meg s'affole, accuse à tort et à travers : d'abord Rémy, le valet, puis le fils de la femme de chambre. Ces accusations se révélant infondées, elle est incarcérée sous l'accusation de complicité de meurtre.

Le magistrat instructeur Leydet, un ami de Marguerite, qui avait un peu rapidement conclu au cambriolage, est forcé de passer la main au juge André, moins sensible aux charmes de la belle intrigante. Celui-ci a trouvé un mobile qui peut tenir mais qui ne sera jamais une preuve : Meg aurait tué son mari pour épouser un amoureux plus fortuné, et sa mère pour toucher son héritage. Mais ces suppositions resteront des suppositions.

*
**

À son procès, en novembre 1909, devant la cour d'assises de la Seine envahie par la foule des curieux, la Veuve rouge clame son innocence et brouille les pistes. Tout de noir vêtue, la taille bien prise dans sa longue robe, elle impressionne par sa beauté et sa prestance.

Un journaliste de l'hebdomadaire *L'Illustration* résume parfaitement la situation : « On demande à des hommes ignorants de la procédure et réunis par le hasard de juger la présumée coupable : il y a là un maçon, un ajusteur, deux ou trois propriétaires ou petits rentiers, un employé de commerce, un compositeur de musique, un boulanger. Ils sont la conscience publique. Nous les voyons suivre les débats avec un grand effort d'attention. »

Marguerite va tous les vamper. Jouant tour à tour la femme de l'artiste, l'épouse éplorée, la mère angoissée, elle bouleverse la salle avec une capacité à passer pour victime véritablement confondante. Elle donne de la voix, et des mouvements de bras. Celle que le grand journaliste Henri Rochefort qualifiera de « Sarah Bernhardt des assises » réussit à troubler le jury. Faute de preuves, le doute profitera à l'accusée.

Le 13 novembre 1909, après une plaidoirie de sept heures de son avocat et deux heures de délibération, Meg est acquittée. Elle décoche à l'assistance son sourire le plus parfait et s'évanouit avec des grâces de marquise. Quand elle revient à elle, la foule l'acclame comme une tragédienne du Théâtre-Français.

Le rideau peut tomber.

***

S'éclipsant en Angleterre, elle se fait appeler madame de Sérignac. Ah, le merveilleux pouvoir des noms ! En 1917, un aristocrate anglais mord à l'hameçon et l'épouse. La putain de la République devient lady Scarlett Abinger. En France, on l'aurait appelée « madame la baronne » !

En artiste accomplie, elle écrira ses *Mémoires* où l'on n'apprendra rien de plus sur la mort de Félix Faure ou celle de son mari et de sa mère.

La belle Meg est de ces femmes sur qui les drames semblent glisser comme l'eau sur les plumes d'un canard. Plus jamais elle ne sera inquiétée. Elle s'éteindra dans une maison de repos du Sussex à l'âge de quatre-vingt-cinq ans.

Vous savez maintenant pourquoi une veuve rouge est une criminelle bien plus intéressante qu'une veuve noire.

L'Œil de Frédéric

Dans le crime, ce qui attire les gens, ce n'est pas seulement le petit goût de la mort, c'est aussi le goût du mystère. Les crimes ne sont jamais aussi excitants que lorsqu'on ne retrouve pas le cadavre et que l'affaire n'est pas élucidée. Ils deviennent alors une formidable matière à délirer, à fantasmer, à projeter des peurs ou des angoisses collectives qui n'ont finalement pas grand-chose à voir avec le crime et ses mobiles. C'est le cas avec la belle Meg, une véritable performeuse qui étrangle son mari, déclenche la crise cardiaque de sa mère et s'autoligote sur son lit.

La splendide rousse qui connaît le Tout-Paris, plus ou moins intimement, vampe tout ce qui passe à sa portée : le juge d'instruction, le directeur de la prison, les intellectuels, les artistes, les hommes politiques. Son pouvoir d'influence est énorme car, en plus d'être charmante, elle est intelligente. Ce n'est pas du tout l'*escort-*

girl de base, la fille qu'aujourd'hui on recrute par mail pour une nuit ou pour décompresser entre deux grosses réunions. On comprend que la presse et l'opinion de l'époque échafaudent toutes les hypothèses, des plus plausibles au plus *abracadabrantesques*, comme dirait Jacques Chirac.

Comme elle a été la favorite du président de la République – elle est tellement spécialiste de l'art pompier qu'elle pompe même le président ! –, on imagine qu'elle est forcément en possession de secrets d'État en rapport avec l'affaire Dreyfus ; on dit que son mari défunt préférait les hommes, on raconte qu'elle veut toucher l'héritage pour fuir avec un amoureux, on soupçonne ses amants, le grand-duc de Russie, le sous-secrétaire d'État aux Beaux-Arts ou encore le ministre de l'Agriculture, d'être les assassins de son mari… C'est fou comme tout s'emballe, comme les passions se déchaînent dès qu'on mélange la politique, le cul, la République et l'argent… Il suffit de penser à l'affaire DSK encore toute chaude.

En prime, cette histoire a une issue délicieuse et ironique puisque la belle vamp de la IIIe République finit sa vie en lady anglaise très respectable qui écrit ses mémoires !

16e ARRONDISSEMENT

MARCEL PETIOT

ISSEI SAGAWA

LE GANG DES POSTICHES

Marcel Petiot

Le bon docteur Satan

Le XVIe arrondissement n'a pas la réputation d'être un arrondissement criminel. La ville d'Auxerre non plus.

C'est pourtant à Auxerre, en 1897, que naît Marcel André Henri Félix Petiot. Et c'est au 21, rue Le Sueur à Paris, à deux pas de la place de l'Étoile, qu'il organise, gère et fait prospérer sa petite entreprise de mort.

Inversant le serment d'Hippocrate, Petiot donne la mort, ajoutant à son talent de bricoleur inventif spécialiste des chaînes, des poulies, des instruments à découper et de la chaux vive, un sadisme et une perversité rarement égalés dans l'Histoire.

Celui qu'un diagnostic psychiatrique établi par les commissions de réforme de l'armée classera comme un cas de démence précoce est un prédateur obsédé par son enrichissement personnel. Un sadique paranoïaque. Un monstre qui tient autant du docteur Mengele se livrant sur les prisonniers d'Auschwitz à ses expériences pseudo-scientifiques que de Landru, l'assassin séducteur guillotiné en 1922.

À son procès, le 18 mars 1946, on imputera à Petiot vingt-sept victimes. Péremptoire, il en revendiquera soixante-trois en s'exclamant : « Tous des traîtres ! » Oubliant sans doute de comptabiliser le chat qu'à l'âge de six ans il a plongé dans l'eau bouillante, et les oiseaux dont il s'amusait, enfant, à crever les yeux.

*
**

Envoyé au front en 1916, un an après son bac, Marcel Petiot est blessé au pied par un éclat de grenade et réformé pour déséquilibre mental. À l'époque, on le juge neurasthénique, paranoïaque, phobique.

Diplômé de la faculté de médecine de Paris en 1921, après avoir passé sa thèse à l'hôpital psychiatrique d'Évreux, il s'installe à Villeneuve-sur-Yonne, village de quatre mille âmes dont il est élu maire à vingt-neuf ans. Un maire qui sera révoqué pour accusation de viol et deviendra, malgré cela, conseiller général. De la même façon, la disparition du jour au lendemain de Louisette, sa jeune domestique dont il était l'amant, ne donnera lieu à aucune enquête. « Elle m'a quitté ! » dira-t-il, laconique. On compatirait presque…

À Villeneuve-sur-Yonne, il épouse la fille d'un charcutier local aisé, lui le fils d'un fonctionnaire des postes. Pour échapper aux rumeurs qui l'accusent d'avoir branché son compteur électrique personnel sur celui de la ville, il choisit de poursuivre sa carrière à Paris. En 1933, il ouvre donc son cabinet de médecin au 66, rue Caumartin. 66, étrange coïncidence : il ne manque qu'un 6 pour composer le nombre de la bête de l'Apocalypse.

Le cabinet du bon docteur se développe si bien qu'il peut bientôt acheter l'hôtel particulier du 21, rue Le Sueur. Il va en faire le siège de sa petite entreprise de mort pendant que d'autres monstres, à la même époque, industrialisent le crime contre l'humanité. N'oublions pas que la conférence de Wannsee qui décide de la « Solution finale » se tient en janvier 1942.

En bon entrepreneur, Petiot investit, fait des travaux, explique aux ouvriers que pour les appareils d'électrothérapie de sa clinique il a besoin d'une pièce étanche. Il faut bien protéger les malades du plomb et des radiations, n'est-ce pas ?

Chaque business a besoin d'une conjoncture favorable. Celui de Petiot va prospérer grâce à l'occupation allemande.

Entre 1941 et 1943, pendant que, d'El-Alamein à Stalingrad, le monde libre se bat sur tous les fronts contre le IIIe Reich et qu'une partie de la France déborde de zèle dans la collaboration avec la rafle du Vél' d'Hiv et la création de la Milice, Petiot va s'enrichir en spéculant sur les persécutions des juifs et en se prétendant l'ordonnateur d'une filière d'évasion vers l'Amérique du Sud.

À sa manière, il convertit la terreur totalitaire et la peur qu'elle inspire en commerce juteux.

Juifs mais aussi résistants, clandestins, toxicomanes, trafiquants, escrocs, prostitués, proxénètes, collaborateurs en disgrâce vont confier leur liberté et leur plan d'exfiltration au bon docteur. Le fourreur Guschinow, la famille Kneller, François le Corse, Estébéguy le Basque, la prostituée Pauline la Chinoise, Monsieur Zé, ancien tortionnaire de la Carlingue, auxiliaire français de la Gestapo, tous finiront ainsi leur voyage rue Le Sueur en lieu et place de l'Argentine.

Le prenant au début de son business macabre pour le docteur Eugène, chef clandestin d'un réseau de passeurs, la Gestapo l'arrête et l'interne pendant huit mois à Fresnes. Elle ne se trompe pas complètement puisque, après la Libération, Massu, patron de la Criminelle, va découvrir que la filière d'évasion couvre en fait la folie criminelle de Marcel Petiot.

Les consignes du faux passeur sont strictes.

Il demande à ses clients d'emporter avec eux, bien cousus dans leurs vêtements, argent, or, bijoux et autres trésors. Quand on part en Amérique du Sud, il faut quelques ressources. Il est loin le temps où, jeune médecin, il ne faisait pas payer ses patients pauvres… Et pour la sécurité sanitaire des candidats au départ, il propose de les vacciner. Avec toutes les maladies infectieuses et autres virus non identifiés qui traînent sur le sous-continent américain, mieux vaut être prudent. Et inutile d'aller chez Pasteur. Voilà ce qu'il aurait pu leur dire, et ils l'auraient cru. Lorsque la menace est partout, on doit bien finir par accorder sa confiance, et le docteur présente tous les signes d'une grande respectabilité. Hélas pour eux… S'ils étaient passés par l'institut Pasteur plutôt que par la rue Le Sueur, les candidats à l'exil n'auraient pas agonisé sous les yeux avides de Petiot qui les observait à travers l'œilleton de son périscope, victimes d'une piqûre mortelle ou, dans la petite pièce étanche, de gaz asphyxiants.

*
**

Le 11 mars 1944, alertés par les voisins qui ne supportent plus l'odeur des émanations de l'une des cheminées de l'hôtel particulier du 21, les pompiers débarquent et trouvent au sous-sol, dans la chaufferie, un calorifère entouré de morceaux de corps sciés attendant d'être brûlés.

Le commissaire Massu, l'un des deux policiers qui ont inspiré Simenon pour camper le personnage de Maigret, arrive à son tour avec un médecin légiste.

Après avoir repéré un établi jonché de bouts de cadavres, Massu horrifié découvre, surmontée de chaînes et de poulies, une fosse remplie de chaux vive où des corps sont en train de macérer.

C'est l'œuvre du maître des lieux. Et dire que, brillant étudiant en médecine, il n'avait que des notes médiocres en dissection !

Le comble, c'est que Petiot est sur place lui aussi, il est arrivé peu après la police. Quand une entreprise est en danger, le patron doit tout faire pour la sauver. On pourrait croire que devant tant de preuves le criminel va s'incliner mais, à ce moment-là, l'imagination se met au service de la perversité.

Se faisant passer pour son propre frère et se réclamant de la Résistance, Petiot explique à un agent de police que les corps gazés, calcinés et dissous sont des cadavres d'Allemands et de traîtres déposés là pendant qu'il était emprisonné par la Gestapo. Puis il parvient à s'éloigner et s'enfuit à vélo sans que personne n'ait même songé à vérifier son identité.

La cavale commence avec un nouveau pseudonyme de circonstance : le docteur Eugène est devenu le capitaine Valéry, chef d'un réseau de Résistance. C'est sous cette fausse identité que Marcel Petiot rejoint les FFI et se réfugie à la caserne de Reuilly comme adjoint du commandant Raffy.

Le nouveau patron de la Brigade criminelle qui remplace Massu – soupçonné de complicité avec l'occupant et emprisonné – imagine un piège génial. Il publie dans l'hebdomadaire *Résistance* un article au titre ravageur : « Petiot, soldat du Reich ».

Le bon docteur s'insurge et par l'intermédiaire de son avocat répond par courrier à ce qu'il considère comme un outrage à sa réputation. Sa lettre révèle suffisamment de détails et d'indices pour que la police démasque le faux résistant qui s'enorgueillit de ses états de service.

Le 31 octobre 1944, il est arrêté par la Sécurité militaire à la station Saint-Mandé-Tourelle. Sur lui, on trouve des faux papiers aux multiples identités, un revolver 6,35 mm armé, et une carte d'adhérent au Parti communiste.

*
**

Face à ceux qui l'interrogent, Petiot ne cesse de se donner le beau rôle, répétant à l'envi qu'il a cherché à se rendre utile et à servir son pays en traquant « les mouchards de la Gestapo ». Mais il se montre incapable de nommer des contacts qui ne soient pas morts ou disparus et l'identité des soixante-trois « collabos » qu'il dit avoir tués demeurent dans un flou plus que suspect. Le bon docteur s'enlise dans ses affabulations mais plus personne n'est dupe.

Le 25 mai 1946, l'avocat général le réveille pour le sortir de sa cellule de la prison de la Santé et le conduire à la guillotine en lui demandant de se montrer courageux. Marcel Petiot lui répond : « Tu me fais chier. » Il emportera dans ses secrets ce qu'il est advenu des deux cent cinquante millions de francs et de bijoux volés à ses malheureuses victimes.

Celui que certains ont appelé « le vampire de l'Étoile », ce monstre pervers qui jouissait d'observer ses victimes en train d'agoniser, cristallise toutes les horreurs d'une des époques les plus noires de l'histoire de France.

Loin, très loin du calme olympien des tableaux de Le Sueur, le grand peintre classique des madones et des muses auquel la rue de l'hôtel de la mort doit son nom.

Quand on observe les photos anthropométriques du docteur Petiot après son arrestation, la fixité des yeux frappe. Le regard semble vous traverser, sa froideur glace. Il avait le front large que la physiognomonie attribue à l'intelligence exceptionnelle ou à l'exceptionnelle perversité. Les deux se conjuguèrent pour mettre au point une sorte de petit coup de la mort artisanal.

« Il riait comme on fait naufrage », a dit de lui un de ses proches. Le rire du diable probablement.

Quand vous passerez dans le quartier de l'Étoile, tendez l'oreille, vous entendrez peut-être son écho.

L'ŒIL DE FRÉDÉRIC

Par une trahison diabolique de leur vocation, les médecins aussi peuvent devenir des assassins. Le docteur Petiot met toute son intelligence au service du crime, mais ce qu'il imagine est autrement plus ambitieux, c'est une véritable entreprise de mort qui prospère à la faveur de l'occupation allemande. Et qui, comme par hasard, coïncide presque avec la solution finale décidée par les nazis.

À partir de 1943, il fait croire, en se faisant passer pour le Dr Eugène, qu'il peut exfiltrer en Argentine tous ceux qui se sentent menacés par la Gestapo. Et à l'époque, ils sont nombreux : des juifs bien sûr, et des résistants, mais encore des truands, des voyous.

Il propose même des tarifs de groupe pour les familles candidates à l'émigration. Il doit se sentir invulnérable ou être dans la toute-puissance, car son intelligence maléfique n'a pas de limites. Sa mythomanie et sa folie des grandeurs non plus. Sa réputation de bon médecin dupe tout le monde et ce depuis longtemps

– il sera capable d'enfumer la Gestapo et la police française. Car on ne peut pas dire qu'il n'y ait pas eu de signes annonciateurs de sa folie criminelle.

Cet homme, réformé pendant la Première Guerre mondiale pour déficience mentale après avoir été blessé sur le front, obtient tout de même un doctorat de médecine en 1921, puis ouvre son cabinet. Est-ce bien normal ? Quand il exerce dans l'Yonne, il prescrit systématiquement des drogues à ses patients, il est kleptomane, et, une fois élu maire de la commune de Villeneuve-sur-Yonne, il est mêlé à des histoires de disparition non élucidées, il se comporte comme un petit gourou local, fait des fausses déclarations à l'Assurance maladie, détourne des fonds… Tout est toujours normal, n'est-ce pas ?

Ensuite, il s'installe sans aucun problème rue Caumartin pour ouvrir un nouveau cabinet de médecin et la clientèle afflue. Pour que le crime paie, mieux vaut ne pas faire les choses à moitié ! D'ailleurs, à son procès, où il est accusé de vingt-sept meurtres, il en revendique fièrement trois fois plus, en expliquant qu'il a rendu service à la nation, parce que toutes ses victimes étaient des Boches et des traîtres. Eh oui, un vrai criminel, c'est parfois une personne qui accomplit une œuvre d'utilité publique !

Certains pensent que la fortune qu'il a amassée pendant l'Occupation représente l'équivalent d'environ trente millions d'euros. Vous savez, vous, ce qu'est devenue cette fortune ?

Issei Sagawa

L'ogre minuscule de la rue Erlanger

Les pelouses du bois de Boulogne sont mouchetées de pâquerettes. Nous sommes le 13 juin 1981, une rose a fleuri à l'Élysée, le printemps est prometteur. Un Caddie de supermarché échappe à un petit homme d'origine asiatique dans un sentier en pente du bois, et des cartons en dégringolent, laissant filtrer un liquide rougeâtre. Apostrophé par un couple sur ces singuliers bagages, le petit Asiatique bredouille et s'éclipse en abandonnant son bien.

Quand la Brigade criminelle identifie le contenu des valises, elle découvre des morceaux de visage, de poitrine, de cuisse et de fesse dont la chair a été prélevée. Après appel à témoins, un chauffeur de taxi révèle qu'il a chargé ce jour-là, rue Erlanger, un client asiatique portant deux valises.

Quarante heures plus tard, Issei Sagawa est identifié. Quand l'enquêteur lui demande s'il comprend pourquoi les policiers sont chez lui, il répond : « Oui, c'est en rapport avec Renée Hartevelt. »

L'enquête n'aura pas été longue. Les pires meurtriers ont ceci d'étonnant qu'ils peuvent agir avec une inconscience et une légèreté insoupçonnables. Dans cette affaire, la police est vite au bout de ses peines, mais pas de ses surprises.

Comment imaginer, en effet, que ce jeune Japonais ayant tué, découpé et dévoré une étudiante hollandaise à Paris, se retrouvera quelques mois plus tard, une fois rentré dans son pays, à faire de la publicité pour des restaurants de viande ?

C'est pourtant ce qui est arrivé à Issei Sagawa.

⁂

Nagisa Oshima, le célèbre réalisateur japonais, a failli faire un film de l'histoire de l'ogre de la rue Erlanger. Après *L'Empire des sens* et *L'Empire de la passion*, il aurait pu l'intituler : « L'Empire de la chair ».

« Le Japonais cannibale », comme l'a surnommé la presse du monde entier, a toujours revendiqué la valeur esthétique de son acte. Est-ce avec le même souci de création que le site Bestgore a diffusé en 2012 *1 Lunatic 1 Ice Pick*, la vidéo au titre prometteur d'un autre dépeceur cannibale, Luka Rocco Magnotta ?

« De l'assassinat considéré comme un des beaux-arts » est le titre d'un mémoire publié par l'auteur britannique Thomas de Quincey en 1827, avançant que certains crimes s'apparentent à de véritables chefs-d'œuvre.

Celui d'Issei Sagawa prend ses racines dans un milieu socialement privilégié et lettré : fils d'un industriel japonais, le petit homme de trente-cinq kilos et d'un mètre cinquante-deux prépare un doctorat en littérature comparée à l'université Paris-III. Il fait découvrir à ses amis étudiants en lettres quelques classiques de la littérature japonaise, dont *Éloge de l'ombre* de Tanizaki, par exemple, à l'écrivaine Nicole Caligaris qui reviendra dans un de ses ouvrages sur les souvenirs qu'elle garde de ce troublant compagnon de fac.

*
**

Quand la police interpelle Sagawa à son domicile, 10, rue Erlanger, elle trouve une carabine 22 long rifle, des taches de sang sur le tapis, des papiers d'identité au nom de Renée Hartevelt. Une scène de crime ordinaire. Mais le réfrigérateur du maître des lieux fait brusquement basculer le tableau du côté du cas psychiatrique et de l'horreur absolue : des morceaux de chair sont emballés dans des petits sacs-poubelle bleus et sept kilos de « viande » d'origine douteuse reposent sur des assiettes en carton.

Sur une cassette audio qu'ils écoutent aussitôt, les policiers entendent la voix d'une jeune femme parlant allemand : « L'homme fort qui part pour l'Ouest avec le soleil levant, je le loue avec joie. Il chasse une bête sauvage, gorgée de sang ; dévorée, la ville se rassasie de cervelles. L'animal qui a déchiré la terre avec le mauvais désir… » Le texte du poète Johannes Becher, qui fut ministre de la Culture en RDA dans les années 1950, est brutalement interrompu par un coup de feu mat, celui d'une carabine munie d'un silencieux, suivi du bruit d'un corps qui s'écroule.

Le criminel a minutieusement mis en scène sa cérémonie par le son et l'image. Les trente-neuf clichés de la pellicule retrouvée chez lui représentent les étapes du découpage de la jeune Hollandaise. Entre autres, un sein de la victime sur la gazinière puis, sur une assiette, entouré de moutarde et de petits pois.

« Aimer purement, c'est consentir à la distance, c'est adorer la distance entre soi et ce qu'on aime », a écrit Simone Weil dans *La Pesanteur et la grâce*. Sagawa n'est pas de cette école : quand il aime, il dévore. Pas complètement d'ailleurs puisqu'il prélève des morceaux de chair, ici et là, sur le corps de sa victime. Il reconnaîtra avoir arraché et mangé le clitoris de la jeune Renée en précisant qu'elle avait ses règles. Monsieur est un fin gourmet… Au commissaire qui l'interroge Quai des Orfèvres, il commente son crime en expliquant qu'il est la preuve d'amour ultime. Comme si le futur docteur en littérature comparée faisait sien, littéralement, le sens de l'expression « une fille belle à croquer ».

*
**

Manger de la chair féminine semble avoir toujours été le fantasme originel d'Issei Sagawa. Trois experts psychiatres désignés par le juge Jean-Louis Bruguière pour l'examiner à la prison de la Santé vont se pencher sur le sujet pendant plus d'un an. En prison, inscrit à l'atelier « poterie », leur homme réalise un buste de Renée qu'il projette d'offrir à ses parents.

Dans la vie psychique, rien ne disparaît jamais et finit par réapparaître un jour ou l'autre. Si l'inconscient est structuré par la répétition, que s'est-il donc passé dans l'existence du jeune Issei ? L'enquête au Japon sur ses traumatismes infantiles révèle que l'enfant a été déclaré mort-né lors de sa venue au monde en 1949. Resté vingt minutes sans respirer au tout début de sa vie, Issei est aussi un survivant de la très virulente épidémie d'encéphalite au Japon, au début des années 1950. Sont-ce les séquelles de cette encéphalite qui ont bloqué le développement de son surmoi ? Cette apnée post-natale a-t-elle conduit l'enfant à ne jamais franchir le stade oral de la libido et à rester structurellement dépendant du sein maternel ?

Quoi qu'il en soit, les experts concluent à l'irresponsabilité pénale du cannibale. Bénéficiant d'un non-lieu, Sagawa rentre au Japon un an plus tard et, après une courte période d'internement à l'hôpital psychiatrique Matsuzawa de Tokyo, est libéré en août 1985.

Aux dernières nouvelles, il vivrait dans un petit appartement de Yokohama. La réalité doit avoir bien peu de sens pour celui qui est sans doute à jamais perdu dans la rumination de celle qu'il a en partie ingurgitée, nez, seins, cuisses, fesses, clitoris, dans une cérémonie rejouant, avec d'autres codes, celle immémoriale du thé.

Nicole Caligaris, qui avait assisté à un cours en compagnie d'Issei et de Renée Hartevelt, se souvient de la façon dont il dessinait, ce jour-là, le portrait de sa future victime : « Il semblait la dessiner de mémoire, comme si elle n'était pas là, tout entier à l'image qu'il faisait naître, absent à la personne qui parlait. »

⁂

Depuis son retour au Japon, on lui a consacré des films, des publicités, des conférences, des romans. Il s'est peu à peu perdu dans les méandres obscènes du spectacle et de la marchandisation, loin, très loin de ce qu'il voulait exprimer en mettant en scène et en goûtant la chair de son amour contrarié.

Écoutez ce qu'écrit Junichiro Tanizaki dans *Éloge de l'ombre*, à propos du bol de laque : « Le bol de laque vous donne, lorsque vous le portez à la bouche, le plaisir de contempler dans ses profondeurs obscures un liquide dont la couleur se distingue à peine du contenant et qui stagne, silencieux, dans le fond. Impossible de discerner ce qui se trouve dans les ténèbres du bol mais votre main perçoit une lente oscillation fluide ; une légère exsudation qui recouvre les bords du bol vous apprend qu'une vapeur s'en dégage et le parfum que véhicule cette vapeur vous offre un subtil avant-goût de la saveur du liquide, avant même que vous emplissiez votre bouche. Quelle jouissance dans cet instant, combien différente de celle que l'on éprouve dans une assiette plate et blanchâtre de style occidental. Il est à peine exagéré d'affirmer qu'elle est de nature mystique. »

Qui sait si Issei Sagawa n'a pas cherché à partager, avec la femme trop aimée, l'expérience du bol de laque…

L'ŒIL DE FRÉDÉRIC

Ce tout petit Japonais, c'est vraiment un cumulard du crime ! Il ne commet qu'un seul meurtre mais quel meurtre ! Pour ce faire, il multiplie toutes les horreurs possibles, comme si c'était le chef-d'œuvre de sa vie. Il y met tout son amour, tout son talent nécrophile, toute sa science aussi car notre cannibale ne sort pas de la jungle profonde, il est éduqué, et s'il est venu à Paris, c'est pour préparer son doctorat de littérature comparée !

Son crime est mis en scène avec une sophistication délirante : il se prend en photo comme un esthète de l'horreur, il tue, il découpe, il cuisine les morceaux de sa victime avec de la moutarde ou des petits pois comme s'il était un grand chef japonais à la mode !

Sagawa possède tous les signes, tous les codes de la civilisation et, par une inversion totale des valeurs, il les met au service de la barbarie la plus innommable, du tabou absolu. Le crime est abominable, mais ce qui me semble encore plus délirant, c'est que moins dc cinq ans après les faits, le criminel est libre. En France, il a très vite bénéficié d'un non-lieu pour irresponsabilité pénale. Et au Japon, il n'est pas resté longtemps en hôpital psychiatrique. Que fait la policc ? Là, en l'occurrence, elle a fait son travail. Alors, que font les institutions ?

Car il y a pire encore : le petit ogre de la rue Erlanger s'est construit une carrière sur sa monstruosité. On le montre comme un singe savant – mais les singes savants, au moins, ne sont pas criminels –, il tourne des publicités, fait l'objet de conférences, de films, de débats. La vie est belle en somme, il continue à jouir de son crime longtemps après les faits. Cette notoriété, cette exploitation commerciale du côté « cannibale-people », c'est vraiment le comble de l'obscénité. Et c'est encore plus dégueulasse d'imaginer qu'il a été protégé parce qu'il était le fils d'un riche industriel. D'autres que moi s'en sont émus mais Sagawa continue à aller et venir en toute impunité. Je me demande comment fait la famille de la victime pour vivre avec le poids de toutes ces horreurs.

Sagawa était venu en France pour passer un doctorat de littérature. Je pense ici à l'exemple magnifique de Philippe Maurice qui devint docteur en histoire médiévale, en 1995, après avoir échappé à la peine de mort, suite à son abolition en 1981. Il avait passé sa licence d'histoire en prison.

À tout prendre, il y a une petite ironie dans cette histoire : notre cannibale est né à Kobe et le bœuf de Kobe est sans doute l'une des viandes les plus savoureuses et les plus prisées de la Terre. Pardonnez-moi, mais un peu de légèreté dans ce monde de psychopathes ne fait pas de mal.

Le gang des Postiches

Guignols contre Police

On a prétendu qu'ils criaient « contrôle fiscal ! » en entrant dans les banques qu'ils venaient braquer. C'était quand même plus drôle que l'injonction habituelle : « C'est un hold-up ! Les mains en l'air et que personne ne bouge ! » Légende ou réalité ?

Une chose est sûre, c'est que le gang des Postiches commence sa carrière le 29 septembre 1981 avec le braquage de la BNP, 47, rue du Docteur-Blanche, dans le XVIe arrondissement.

Il la terminera au numéro 39 de la même rue, en janvier 1986.

En cinq ans, ils auront visité 27 banques, 1 300 coffres, emporté 2 milliards de centimes, environ 200 millions de francs en lingots, effectuant parfois cinq braquages en une semaine. Sans jamais tirer un coup de feu.

Ni mort, ni blessé : une véritable éthique du métier.

Jusqu'au jour où, le 14 janvier 1986, lors du braquage d'un Crédit lyonnais, deux morts font s'écrouler le mythe des bandits justes et provocateurs.

*
**

Pendant cinq ans le gang des lodens, des marteaux et des burins va narguer Gaston Defferre puis Pierre Joxe – ministres de l'Intérieur –, la Police judiciaire, la Brigade de recherche et d'intervention et la Brigade de répression du banditisme.

Théâtre des opérations ? Le XVIe arrondissement, rue Rémusat, rue du Docteur-Blanche, rue de Passy ; le VIIe avec l'avenue de Villars et l'avenue Rapp, le VIIIe avec la rue Clément-Marot. Ils ont une prédilection pour les beaux quartiers où l'on imagine que les banques sont bien garnies. Et aussi parce que les avenues sont plus larges pour s'enfuir.

Banque populaire, Société générale, Crédit commercial de France, Crédit lyonnais, Crédit agricole, toutes y passent, sans distinction : les coffres personnels sont visités, ceux qu'ils appellent les « boîtes à sardines » et que le gang ouvre à la chaîne. Allègrement.

Bruno Berliner alias « Beau sourire », André Bellaïche dit « Dédé », Patrick Geay « le Plombier », Jean-Claude Myszka « le Polonais d'Aubervilliers » et Robert Marguery dit « Bichon » forment le noyau dur du gang. Il leur arrive de faire appel à des supplétifs et, parfois, ils se retrouveront à une dizaine sur les lieux de braquage. Tous sont enfants de Belleville, de Montreuil, d'Aubervilliers. Ainsi que le dira Patrick Geay à son procès : « On ne venait pas de Neuilly-Auteuil-Passy. »

Les beaux quartiers, ils aimaient juste les visiter et les alléger.

*
**

« Ne perdez pas votre vie à la gagner », conseillaient les murs en mai 1968. « Désaliénez-vous, camarades, courez ! le vieux monde est derrière vous ! » Depuis qu'ils sont gamins, Bruno, André, Patrick, Jean-Claude et Robert pressentent la vérité profonde de ces slogans.

Très tôt, ceux qui vont devenir les « Postiches » ont choisi de ne pas travailler mais d'avoir de l'argent, de belles voitures. Et, sans doute, les jolies filles qui vont avec.

Patrick Geay est le fils d'une serveuse de Belleville et d'un Italien inconnu. André Bellaïche est le troisième enfant d'une fratrie de dix, un gosse de Tunis qui a fait l'expérience des camps de réfugiés en Israël avant de débarquer à Belleville. Les deux copains s'acoquinent avec Bruno Berliner, fils d'agent immobilier. Ils sont bientôt rejoints par Jean-Claude Myszka, enfant de Pologne et de nulle part, et Robert Marguery, fils d'un fondeur de Bagnolet. L'indéfectible clan des mousquetaires de banlieue est né. Tous pour un, un pour tous ! Et surtout : « Prends l'oseille et tire-toi. » Depuis longtemps, ils ont déserté les bancs de l'école. Pas de temps à perdre, ils sont pressés. Et puis, il faut bien vivre. Séparément, ils se sont déjà fait la main en commettant quelques larcins : vol de matériel hi-fi, petits braquages de bijouteries, vol de cartes bleues…

Ils se « débrouillent ». Ensemble, ils n'auront bientôt qu'un but : gagner beaucoup d'argent et vite. Argent que, jusqu'au bout, ils partageront à égalité.

De 1981 à 1985, leur inventivité, leur culot, leur professionnalisme doublé d'une élégante façon de ne pas se prendre au sérieux en font les maîtres absolus du braquage parfait. Sans trace, sans odeur, sans mort, mais non sans panache.

On a souvent parlé des Postiches comme d'une nouvelle bande à Bonnot. On les a fantasmés en financiers du groupe terroriste Action directe. On les a héroïsés en Robin des Bois. On en a fait des gentlemen cambrioleurs, oubliant qu'ils ne redistribuaient jamais l'or et l'argent. À peine leur est-il arrivé, un jour, de tendre une liasse de billets à l'un de leurs otages qui leur paraissait être dans le besoin. « C'est pour vous, n'en dites rien aux flics ou ils vous le reprendront… » lui ont-ils conseillé.

Sur place, les Postiches ont une organisation militaire et la synchronisation d'un orchestre symphonique. Avec, en plus, le sens de la farce et de la mise en scène. Ils attaquent les banques sous les déguisements les plus inattendus : bourgeois à loden, gentlemen anglais au look Burberry, rabbins avec chapeau cloche et barbiche pointue, Russes à chapka, vieux aristocrates à perruque poivre et sel et imper. Toutes les figures de la comédie humaine y passent dans un vertigineux défilé de mode créatif, potache et provocateur.

Leur légende est en partie construite par un public presque admiratif devant ce gang qui vide les coffres privés des banques, donc qui ne vise que des personnes fortunées. « On ne va pas les plaindre ! Est-ce que j'ai un coffre, moi ? » est tenté de penser le quidam. Ces braqueurs à masques de carnaval font sourire, on les trouve même plutôt sympathiques.

Le gang prépare ses coups en se grimant mais, la plupart du temps, il décide au dernier moment quelle banque il attaquera. Ils y vont au feeling, à l'instinct, ne font jamais de repérages. Sur le terrain de jeu, le rituel est chaque fois le même : ils entrent déguisés, grosses lunettes, moustaches, coiffés de casquettes ou de bonnets, « propres sur eux » pour que les caméras des sas les laissent passer. Une fois dans les lieux, ils y vont de leur légendaire « Contrôle fiscal ! » et mettent les otages à l'abri au sous-sol. Ensuite, chaque client qui a l'indélicatesse de sonner à la porte de la banque est aussitôt accueilli avec la déférence qui s'impose par un braqueur perruqué qui le conduit au sous-sol rejoindre ceux qui s'y trouvent déjà. En bas, la pièce résonne du bruit des burins et des marteaux. « Je me serais cru à l'usine, ça ne me changeait pas ! » remarquera un otage qui vécut cette mésaventure, le sourire aux lèvres.

Au sous-sol, où les braqueurs peuvent s'activer parfois pendant deux heures, il y a ceux qui surveillent, ceux qui percent, ceux qui trient déjà le contenu des coffres, abandonnant au sol les documents, dossiers, testaments et autres papiers qui leur sont inutiles. Les Postiches veulent « de la fraîche », comme ils disent : billets de banque, lingots, pièces d'or, bijoux et pierres précieuses…

Une fois le butin dans les sacs, ils enferment les otages et s'enfuient groupés, cassettes de vidéosurveillance des banques en poche. Zéro indice, zéro trace.

Interrogés par les policiers, les témoins se souviennent vaguement avoir entendu parler verlan, russe, hébreu en fonction de la langue choisie par les zouaves polyglottes pour échanger leurs ordres pendant leur travail. Pas facile de les identifier : entre eux, ils s'inventent des surnoms, la Glue, la Plume, Tintin, Milord, Goliath, Schubert, Omar, Moustache. La mascarade est totale, parfaite.

Le gang attaque aussi vite qu'il disparaît, gérant parfaitement le temps de travail et le repos du guerrier. Ces véritables spécialistes du *blitzkrieg* bossent comme des forcenés pendant six mois consécutifs puis ils s'éclipsent pour vivre une vie de nabab. Ils flambent au Pérou, au Sri Lanka, en Thaïlande, en Turquie, en Indonésie ou, plus modestement, à Val-Thorens et en Corse.

* * *

La police n'en peut plus de se voir ainsi narguer. Au printemps 1984, Gaston Defferre, ministre de l'Intérieur, met en place un conseil de guerre avec la BRI, la BRB et la PJ. Gang des Postiches, tremblez : le plan « Ballon » est déclenché !

Les banques ont été équipées de tout nouveaux systèmes d'alerte avec capteurs sismiques directement connectés avec la BRB et la BRI qui peuvent désormais intervenir en temps réel. Chaque unité est mobilisée et les résultats ne se font pas attendre.

La réactivité des autorités provoque le premier « couac » dans l'organisation jusque-là sans faille des Postiches : lors d'une attaque à Chennevières-sur-Marne, les employés de la banque parviennent à piéger les braqueurs dans le sas en faisant tomber les rideaux métalliques. Contraints d'ouvrir le feu pour se sortir du piège, les braqueurs sont filmés pendant une minute. Leurs portraits agrandis sortent peu après dans *Paris Match*.

Trois hommes acharnés, conscients qu'ils jouent leur tête et la réputation de toutes les polices, Pierre Touraine à la PJ, Raymond Mertz à la BRB et Claude Cancès à la BRI, peuvent enfin remonter – lentement mais sûrement – la piste des anguilles masquées.

Une partie du gang est arrêtée mais le noyau dur, Berliner et ses adjudants, court toujours. En décembre 1985, quatre banques font l'objet de nouveaux braquages : trois millions et demi de francs, des lingots et des pièces d'or se volatilisent. Dans la presse, les policiers continuent à être la risée de tous, et des articles moqueurs s'en donnent à cœur-joie. D'autant que le plan Ballon connaît quelques ratés : les alertes ne se déclenchent pas toujours, ou bien elles sont tellement sensibles qu'elles réagissent au moindre coup de marteau-piqueur du chantier voisin. La police arrive trop tard ou se déplace pour rien.

Cette fois, Pierre Joxe est entré dans la danse et il compte bien mettre fin aux agissements de ces clowns cleptomanes qui se moquent du monde depuis trop longtemps.

*
**

Le 14 janvier 1986, les forces de l'Antigang et de la BRI, 67 policiers en civil et 31 voitures banalisées, attendent les Postiches à la sortie du Crédit lyonnais, 39, rue du Docteur-Blanche. Les alertes ont fonctionné et, dans les émetteurs de la police, on entend très bien les bruits des marteaux et des burins. Il est convenu que les forces de l'ordre ne doivent pas intervenir mais laisser s'éloigner les braqueurs pour les cueillir sans risquer la vie des otages dans la banque. Les événements vont en décider autrement.

Berliner et Marguery sortent de l'agence et se précipitent vers leur voiture qui, par hasard, est garée en face de celle où planque le commissaire Mertz. Marguery le regarde fixement. Se croyant reconnu, Mertz sort son revolver et tire. S'ensuit une fusillade au cours de laquelle Bruno Berliner et un policier s'entre-tuent. Les deux cadavres gisent sur le sol. Grièvement blessé, Marguery s'enfuit mais est interpellé à quelques rues de là. Myszka, lui, parvient à s'échapper à pied.

Patrick Geay est maîtrisé à son tour, puis libéré par un autre Postiche dont la police ne peut confirmer qu'il s'agit bien de Bellaïche. Les deux hommes prennent la fuite en embarquant l'inspecteur Rolland et un policier, et filent vers le périphérique, pris en filature par les agents de la BRB qui perdent bientôt leurs traces. Les deux otages parviennent à s'enfuir, mais un Postiche tire dans le dos du commissaire en le blessant grièvement. Les gentlemen cambrioleurs sont désormais des tueurs.

Bellaïche, en cavale, est retrouvé et arrêté en Italie. En novembre 1986 Myszka, aidé d'un ancien coéquipier de Mesrine, décide de libérer Bellaïche détenu à la prison de Rome. « Trouve-toi à 10 h 30 dans la cour de promenade et mets un pull-over rouge », lui a demandé Myszka dans un message qu'il lui a fait parvenir. À 10 h 30, un hélicoptère de la Croix-Rouge survole l'enceinte de la prison et atterrit dans la cour. Myszka est à son bord, un pistolet pointé sur la tempe du pilote. Bellaïche fonce vers eux. Sidérés, les gardiens les regardent partir sans comprendre. Myszka leur fait même un petit « au revoir » de la main !

Quelques minutes plus tard, l'hélico se pose sur un terrain de football alors qu'un match est en train de se jouer. Les deux Postiches viennent de réaliser une évasion « à la française », nom de gloire qu'on donnera désormais à ce genre d'opération spectaculaire.

Le 13 décembre 1986, ayant trouvé des informations et une piste au domicile romain de Bellaïche, la police va le débusquer au petit matin dans une maison à Yerres, dans l'Essonne. Elle fait d'une pierre trois coups puisqu'elle arrête également Geay et Myszka. Cerise sur le gâteau, dans la cave de la maison, elle découvre une planque et une grande partie du butin recherché : un million et demi de francs et de bijoux. Bingo !

Désormais, le gang des Postiches est identifié.

⁂

À leur procès aux assises en mars 1996, dix ans après leur arrestation, ce sont des adultes aux cheveux gris qui reviennent devant leurs juges. « Les cow-boys sont fatigués… », dira l'un de leurs avocats. Tous sont là, sauf Patrick Geay, libéré en conditionnelle et qui ne s'est pas présenté. Les autres, Bellaïche, Myszka et Marguery chargent Bruno Berliner, « le chef » ainsi qu'ils l'appellent : c'est de bonne guerre, il n'est plus là pour se défendre et, d'où il est, s'il les regarde, il ne leur en voudra pas. Devant les jurés, ils affichent un air très convenable, jouent les innocents.

L'avocat général Évelyne Lesieur ne loupera pas ceux qui, dit-elle, « ont déclaré une guerre à la société ». Le 4 avril 1996, Patrick Geay est condamné à trente ans de prison par contumace, Myszka et Marguery à douze ans et Bellaïche à huit ans pour recel et association de malfaiteurs. Geay sera arrêté en 2003, rejugé et écopera de quinze ans après avoir été reconnu par l'inspecteur Rolland qu'il avait pris en otage le jour du braquage sanglant de la rue du Docteur-Blanche.

⁂

La fin du gang des Postiches ressemble à ce que fut leur vie, tragi-comique, et presque tous sortirent de prison plus tôt que prévu. André Bellaïche est libéré fin 1997 et ouvre un magasin de disques. Autre reconversion surprenante : en 1998, Robert Marguery part s'installer en Thaïlande et achète des éléphants pour emmener les touristes en balade ! Plus triste, le destin du psychologiquement fragile Jean-Claude Myszka qui se suicide en 2003, quatre ans après sa libération.

Le gang des Postiches avait caché son butin à divers endroits et tout n'avait pas été retrouvé. Coup de théâtre : en 2004, à son procès, Michel Fourniret, « l'ogre des Ardennes », déclare avoir côtoyé un ami des Postiches pendant qu'il était en prison, ami dont il a tué la femme. Ayant appris par l'un des deux où les braqueurs avaient planqué le magot – au fond de jardinières dans des cimetières –, il a pu déterrer cinquante kilos d'or, manne providentielle qui a en partie financé son abominable entreprise criminelle.

Le Comte de Monte-Cristo, ça vous rappelle quelque chose ?

L'ŒIL DE FRÉDÉRIC

« Ne laisse pas traîner ton fils, si tu veux pas qu'il glisse, qu'il te ramène du vice, ne laisse pas traîner ton fils, quand il parle écoute-le, le laisse pas chercher ailleurs l'amour qu'il devrait y avoir dans tes yeux » : vous connaissez la chanson de NTM ?

Pour moi, elle résume l'histoire des Postiches. Tout commence comme une histoire touchante, une histoire de copains d'enfance, des gamins de banlieue qui se sont tous rencontrés entre Belleville, Ménilmontant et Montreuil. Au début, on se croirait presque dans *Les 400 coups* de François Truffaut. Entre eux, il n'y a pas de chef, ils vivent ensemble comme des petits mousquetaires, copains sur les bancs de la communale et dans la cour de récré, copains dans la rue, à la vie à la mort, comme n'importe quels gosses de quartier populaire dans une grande ville. Ils sont un peu livrés à eux-mêmes, alors ils s'organisent entre eux, montent des petits coups qui ne marchent pas trop mal, ils s'impressionnent les uns les autres et, surtout, je pense qu'ils rigolent bien et qu'ils n'ont pas conscience d'être des délinquants. C'est le système D qui fonctionnait déjà dans les quartiers populaires à la Belle Époque et qui a quasiment disparu.

Puis, petit à petit, ils se disent que ce n'est pas désagréable de vivre comme ça, sans vraiment travailler, d'avoir de l'argent sans aller le gagner à la sueur de son front. Ils se mettent à rêver de belles bagnoles et du prestige que cela donne. Enfin, c'est ainsi que j'imagine à peu près leur parcours d'apprentis gangsters. Tout semble pour le mieux dans le meilleur des mondes.

Quand ils décident de passer aux choses sérieuses, aux braquages de banques, ils scellent un pacte, celui de ne jamais tuer. Idée géniale : ils ciblent leurs attaques, aux périodes creuses, hors saison du banditisme. Tout est pensé pour que leur entreprise ne déraille pas : ils ont une méthode qui les rend sympathiques, les fausses barbes et les masques, ils ne laissent aucune trace, pas une goutte de sang, ils sont parfaitement solidaires et équitables dans le partage du butin. Certes, ils ne redistribuent pas l'argent des riches aux pauvres, ils ne sont ni Cartouche ni Robin des Bois, même si cette image leur colle à la peau. Moi, je les vois vraiment comme des antihéros, c'est-à-dire des gens ordinaires capables de faire ensemble des choses extraordinaires, au sens littéral, des choses que monsieur Tout-le-Monde ne ferait pas, comme disait le dicton de Mesrine. Cerise sur le gâteau, ils ont de la chance, ce qui leur permet de durer et durer, dans la vie d'un hors-la-loi, c'est tout le problème ! Il faut dire qu'ils sont bien aidés par les rivalités entre les différents services de la police, PJ, BRB, BRI (n'oublions pas qu'un policier en est mort)... que la presse a amplifiées au point de parler de « guerre des polices », dont le cinéma d'Olivier Marchal est devenu le grand observateur.

Malheureusement, quand on joue avec le feu, on finit toujours par se brûler et c'est ainsi que l'histoire des Postiches, qui commence avec l'insouciance d'un film de Truffaut, s'achève comme un vrai polar noir.

17e ARRONDISSEMENT

LUKA ROCCO

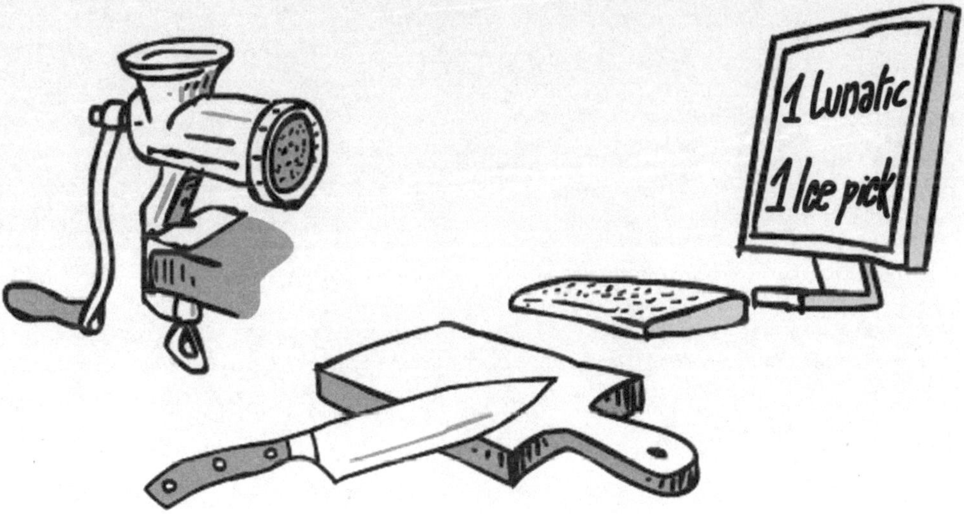

MAGNOTTA

Luka Rocco Magnotta

Le « dépeceur de Montréal »

En 2001, à Rotenburg en Allemagne, un ingénieur berlinois a répondu à une petite annonce sur Internet dont la teneur était peu banale puisqu'elle recherchait « un homme désirant être mangé ». La future victime s'est donc rendue chez son bourreau qui, après avoir dîné avec elle, l'a consciencieusement découpée en morceaux et a mangé son pénis frit et flambé.

Depuis, les petites annonces ont été relayées par les réseaux sociaux, les forums de discussion et les vidéos diffusées sur Internet. La toile offre désormais à l'Internationale cannibale une vitrine inespérée.

À New York, on jugera, en mars 2013, un policier qui, toujours sur Internet, a proposé à des cannibales de violer son épouse et de la manger. Il a aussi offert d'enlever des jeunes femmes pour les donner en pâture à des amateurs de chair fraîche, en échange de quatre mille ou cinq mille dollars. Le chef d'inculpation de celui que la presse américaine a aussitôt surnommé « *Cannibal cop* » est on ne peut plus explicite :

« Complot haineux avec intention de kidnapper, violer, tuer et manger des victimes de sexe féminin. »

Drôle de paroissien qui a des chances de sortir libre de son procès, n'étant jamais passé à l'acte. « Des fantasmes, tout ça, rien de plus… », a déclaré son avocate. La femme du policier, elle, a pris sa fille sous le bras et est retournée chez sa mère.

On n'arrête pas le progrès, ni le crime qui l'accompagne et qui vit dans son sillage comme l'albatros de Baudelaire, indolent compagnon de voyage, suit « le navire glissant sur les gouffres amers ».

*
**

Luka Rocco Magnotta n'a pas tué ni dégusté sa victime à Paris. Il n'a fait qu'y transiter lors de sa brève cavale. Mais l'horreur de son crime et la publicité qu'il s'était faite à lui-même sur Internet suffisent à plonger certains quartiers parisiens et Bagnolet dans une psychose d'horreur.

Avant de connaître son quart d'heure de célébrité warholien en postant, fin mai 2012, une vidéo de onze minutes immortalisant le viol post-mortem et le dépeçage de l'étudiant chinois Lin Jun, le cyber-psychopathe Luka Rocco Magnotta avait scrupuleusement travaillé son image en filmant des chatons avalés vivants par un python ou étouffés par ses soins dans des sacs pour aspirateur.

Quinze jours avant le meurtre de Lin Jun, il avait annoncé la couleur en se filmant lui-même tenant un pic à glace, sordide bande-annonce du programme à venir. Dans la vidéo, il mime des postures célèbres du film qui l'inspire : « J'ai passé mon enfance à regarder *Basic Instinct*... », a-t-il reconnu plus tard.

Un temps, il avait fait même courir la rumeur qu'il était le petit ami de Karla Homolka, une des tueuses en série les plus célèbres du Canada.

*
**

L'inventaire des catégories répertoriées par le site bestgore.com qui a hébergé la vidéo « *1 Lunatic, 1 Ice Pick* » (*un fou, un pic à glace*) postée par Luka Rocco Magnotta est aussi monstrueux que son crime. Il débute par le mot *Accident* et se termine par le mot *Voiture*. Entre les deux, dans un ordre plus ou moins alphabétique, on découvre toutes sortes de séquences plus morbides les unes que les autres : *Bombe, Cadavre, Décapitation, Enfant, Exécution, Iraq, Lynchage, Noyade, Syrie, Torture, Sexe*. La notice de présentation du site précise qu'on peut y voir aussi des génocides, des overdoses, des électrocutions, des malades en fin de vie... Suite à sa récente médiatisation, elle ajoute même ce délicieux commentaire : « La vidéo "*1 Lunatic, 1 Ice Pick*" est compliquée à trouver car le site qui l'héberge est surchargé par un nombre de visites très important. Après avoir posté la vidéo d'un malade en train de découper un mec attaché sur un lit, le nom du site a été mentionné sur de multiples chaînes de télévision, ce qui a permis de débusquer le suspect principal de cette tuerie : Luka Rocco Magnotta. »

Dans l'affaire du monstre de Montréal (Luka Rocco Magnotta est canadien comme son nom ne l'indique pas), les commentaires laissés sur le site bestgore.com depuis le 26 mai sont beaucoup plus surprenants que les éternelles interprétations des psychiatres qui ont entonné la ritournelle de la personnalité narcissique, histrionique et perverse à tendance hystérique. Bien plus intéressants aussi que les confessions de ses anciens amants transsexuels qui ont révélé les déviances et la part obscure du jeune homme.

Plus intéressants, surtout, que les légendes disséminées au fil des blogs et des réseaux sociaux par Rocco Magnotta en personne, avatar dingue de Rocco Siffredi, de Luke Skywalker, d'Hannibal Lecter et du golden boy psychopathe Patrick Bateman, une « folle » aux mille visages et aux mille identités. Le tout en prétendant avoir été violé dans son enfance, et être devenu toxicomane, alcoolique, nécrophile, scientologue et suprémaciste. Qui dit mieux ?

Jun Lin, l'étudiant chinois, a sans doute été drogué avant d'être ligoté sur un lit, nu, un masque sur le visage. Magnotta l'a démembré en se livrant sur lui à des jeux sexuels sadiques et a fini par le décapiter. Hormis le moment précis de l'assassinat qui n'apparaît pas sur la vidéo, voilà à quoi les internautes ont pu assister en se connectant sur le site Internet. Et, comme toujours, ils ont donné leur avis.

Les commentaires sur bestgore.com décuplent l'horreur du crime. On peut les classer en quatre catégories : le dégoût, la frustration technologique, la gratitude et la vengeance rédemptrice.

Le dégoût ? Il s'agit de la réaction « à peu près » humaine de ceux que la surenchère permanente de la jouissance enregistrée sur vidéo n'a pas encore rendus totalement insensibles.

La frustration technologique ? C'est la rage des internautes qui craignent d'arriver après la bataille : « Dites-moi vite comment faire pour lire la vidéo ! Sur quel autre lien puis-je la trouver ? » Ou pire : « La sodomie, à la fin, avec la bouteille : il a dû regarder un reportage sur les pompiers de Paris, je m'attendais à plus *hard* ! »

La gratitude ? Elle tient au bonheur d'avoir découvert « quelque chose de fort » sur la Toile : « J'ai connu ce site en cherchant la vidéo du dépeceur. Merci et bonne continuation. » Ou encore : « Suis-je le seul qui ait plané devant cette vidéo ? »

Quant à la vengeance rédemptrice, elle se réfère à la loi archaïque du sang qui appelle le sang, du sacrifice qui exige le sacrifice : « Il faut l'éplucher à l'économe, ce mec ! » Ou bien : « Il est gay, il va adorer la prison car il y aura toujours quelqu'un pour lui faire le cul. »

Heureusement, il existe aussi sur bestgore.com des visiteurs qui font acte de contrition : « Moi, ma curiosité a été plus forte que ma conscience. » Mais rares, très rares sont ceux qui se demandent s'il ne faudrait pas punir les diffuseurs d'une telle vidéo et ceux qui se sont précipités pour la voir.

*
**

Enfermé dans son délire de gloire et de célébrité, Magnotta ne s'est pas contenté de mettre en pièces le corps de sa victime comme un apprenti boucher dépèce un bœuf. Il a construit son jeu de massacre en forme de puzzle monstrueux avec deux des « pièces maîtresses » de notre époque : Internet et la pornographie.

Dans son ouvrage intitulé *La Société pornographique*, Jean-Paul Brighelli analyse la pornographie contemporaine comme le stade suprême de toute société marchande, la régression du consommateur mondialisé au niveau infantile. Il y voit la dictature de la jouissance contre la liberté du désir, la servitude volontaire aux images, le mythe de la performance du marché appliqué à la sexualité, la ruse enfin que la modernité a mise au point pour museler l'amour dont elle est devenue incapable.

*
**

Celui qui se fait appeler Luka Rocco Magnotta est né en Ontario, au Canada. Enfant peu et mal aimé, abandonné par un père alcoolique et une mère tyrannique, livré très tôt à lui-même, il a fait mille folies, mille métiers, mille misères. Mannequin, stripteaseur, il concourt sans succès à « *Cover Guy* », une émission de télé-réalité, tourne dans des films pornographiques, est *gogo dancer* sous le nom d'« Ange » dans un bar gay de Toronto. Un pseudo qui lui va bien : « Gueule d'ange », diront ceux qui l'ont approché, mais aussi

« manipulateur, menteur, irascible et autodestructeur ».

Luka Rocco Magnotta… On pourrait ajouter « et les autres », tant il s'est inventé d'identités différentes sur la Toile. D'ailleurs, comment savoir qui il est vraiment alors qu'on ignore à quoi il ressemble « au naturel » ! Son jeu favori est de fausser les apparences : il peut être brun ou blond, avoir les cheveux courts ou se coiffer d'une perruque. On dit qu'il a les yeux bleus mais sur les vidéos et dans les émissions auxquelles il a participé, ses yeux noirs vous transpercent. Et il porte souvent des verres fumés.

Multiple, infiniment multiple, il est de partout et de nulle part, pur produit de la culture Web appliquée à la criminalité la plus gore, monstre aux mille visages, aux mille avatars.

Son dernier surnom – il n'en aura sans doute plus jamais d'autre –, ce sont les journalistes qui l'ont trouvé en relatant ses derniers faits d'armes : « le Dépeceur de Montréal ».

*
**

Dans un premier temps, les policiers canadiens qui ont été alertés par la vidéo de bestgore.com croient à une mise en scène macabre. Cela ne peut être vrai, le corps étendu est forcément un mannequin, c'est une mauvaise plaisanterie. Mais à Ottawa, la poste livre un pied humain au parti conservateur. Puis une main est découverte dans un colis adressé au parti libéral. Il faut être équitable avec toutes les sensibilités politiques.

Enfin, quand la nuit suivante un concierge tombe sur une valise contenant le tronc d'un homme posée sur un tas d'ordures dans le quartier de Montréal où vit son bourreau, la police fait le rapprochement avec la vidéo et il est établi que ces trois morceaux de corps appartenaient au même jeune Chinois.

« En trente ans, mes enquêteurs n'ont jamais rien vu de tel… » a déclaré le chef de la police de Montréal, médusé.

Le relevé d'empreintes et une analyse scrupuleuse de la vidéo les conduisent chez Luka Rocco Magnotta, où ils relèvent des traces de sang.

Mais le jeune homme s'est volatilisé. La police se jette à ses trousses.

Le 26 mai 2012, une vidéosurveillance montre le tueur à l'aéroport de Montréal en partance vers la France. Il voyage sous le pseudonyme de Kirk Tramell. Tramell, cela ne vous rappelle rien ? C'est le nom du personnage que joue Sharon Stone dans *Basic Instinct* : Catherine Tramell, la tueuse diabolique au pic à glace. Tout se recoupe.

Le 27 mai au matin, un mandat d'arrêt international est lancé contre lui.

*
**

Quelques semaines avant son crime odieux, Magnotta avait écrit au tabloïd *The Sun* qu'il allait s'en prendre à des proies plus importantes, qu'il ne se contenterait plus de « petits animaux ». « Une fois que vous avez tué et goûté au sang, c'est impossible d'arrêter.

Tuer, ce n'est pas comme fumer. » Dans son omnipotence, le dépeceur a oublié que les méthodes d'investigation progressaient au même rythme que l'intelligence du mal : il a fallu moins de trois semaines pour identifier et arrêter la petite gueule d'amour détraquée qui venait du froid.

Le jeune homme a passé quelques jours à Paris avant d'être hébergé à Clichy et de trouver refuge à Bagnolet. Même si la psychose a été grande et que, à écouter divers témoignages, il semble qu'il ait eu le don d'ubiquité, on l'aurait vu avec certitude dans le XVIIe arrondissement, dans un café où le gérant se souvient d'un client très nerveux. Il aurait même couché deux nuits dans un hôtel du quartier des Batignolles.

Malin et malveillant, il a abandonné son téléphone portable dans une rue parisienne et la personne qui l'a récupéré a continué à se promener avec dans la capitale, ce qui a fait croire aux enquêteurs que le criminel y était toujours. Mais Magnotta avait déjà rejoint la gare routière de Bagnolet pour rallier l'Allemagne.

Le 4 juin 2012, à Berlin, il entre dans un cybercafé, oubliant que son visage est désormais connu par beaucoup d'internautes. Le gérant du café l'identifie tout de suite et court arrêter une voiture de policiers qui patrouille en ville. Quand ils l'appréhendent, Magnotta se laisse emmener sans résistance. « Vous m'avez eu… » dit-il aux forces de l'ordre. On aurait dit qu'il les félicitait.

Le 18 juin, le dépeceur est extradé vers Montréal. Son procès aura lieu au cours de l'année 2013, mais d'ores et déjà celui qui rêvait d'être l'égal de James Dean ou de Sharon Stone plaide non-coupable.

*
**

On pourrait croire que la boucle de notre modernité, entre Internet et pornographie, est bouclée. Mais un jour, quelqu'un fera mieux que Luka Rocco Magnotta. Mieux, c'est-à-dire bien pire encore.

L'ŒIL DE FRÉDÉRIC

Landru recrutait ses victimes par petites annonces matrimoniales ; avec Magnotta, dont le procès est en cours au Canada, on passe à une autre dimension.

C'est un « Web-killer » comme l'a appelé Karl Zéro dans l'ouvrage qu'il lui consacre. On pourrait dire également un « Web-psycho » ou un « Web-borderline ». Il est tout ça à la fois. On a beau être dans la génération Assassin's Creed, il ne faut pas tout confondre.

Dans le *Dictionnaire de la violence et du crime*[1], on trouve cette définition du psychopathe : un psychopathe est « un individu ayant des troubles répétés de la relation sociale, insensible aux exigences de la morale et à l'intérêt d'autrui, impulsif, agressif, amoral, pervers, irresponsable et ne tirant pas les leçons de l'expérience dans le sens souhaité par la morale sociale. » Cela fait beaucoup pour un seul homme ! Mais, dans le cas de Magnotta, c'est, mc scmblc-t-il, unc définition bien douce ; car il

1. Roger Dufour-Gompers, Éditions Érès, 1992.

faut ajouter à cela le cannibalisme, le narcissisme, la pornographie, la personnalité multiple – sujet que j'ai travaillé pour préparer le film *Dédales* –, une cruauté délirante et bien d'autres choses encore… mais je ne suis pas expert psychiatre.

Au Moyen Âge, on parlait de loups-garous ; plus près de nous, nous avons eu le cannibale de Milwaukee ou les Éventreurs de Chicago aux États-Unis, le cannibale de Rotenburg en Allemagne, l'ogre de Rostov en Ukraine qui a fait plus de cinquante victimes dont trente-cinq enfants, dont il a mangé les seins et les organes sexuels. Sans oublier, bien sûr, Issei Sagawa qui cuisinait et conservait au frigo les restes de sa victime hollandaise. Avec Magnotta, il y a plus que du cannibalisme, car il jouit aussi d'envoyer par colis les morceaux de sa victime chinoise, « façon puzzle » comme on dit dans *Les Tontons flingueurs*. Hélas, avec notre Webmonster, nous ne sommes pas dans un film de Georges Lautner dialogué par Michel Audiard. Et la réalité dépasse la fiction.

En prime, il annonce la couleur : il fait lui-même le buzz et la promotion de sa vidéo gore avant de passer à l'acte et de se filmer en pleine action. Tout voir, tout montrer, c'est bien cela la pornographie de notre époque *Loft Story*, décuplée par Internet, non ? Décidément, on n'arrête pas le progrès et le crime n'échappe pas à la règle. Chaque époque a ses horreurs mais si la nôtre doit produire des Magnotta, on en viendra vite à regretter le bon meurtre « à papa » et l'hebdomadaire *Détective* fondé dans les années trente.

18e ARRONDISSEMENT

LA BANDE

À BONNOT

La bande à Bonnot

Les Pieds nickelés en limousine

Rue Ordener, XVIIIe arrondissement.

C'est ici, au 146, que la bande à Bonnot réalisa son premier coup d'éclat, donnant à cette rue du Paris « populeux », comme on disait à l'époque, une aura de légende.

Le 21 décembre 1911, par un petit matin pluvieux, le convoyeur de fonds de l'agence de la Société générale est abattu par des agresseurs lourdement armés mais, surtout, puisamment motorisés. Du jamais vu ! La voiture, volée une semaine plus tôt, sera retrouvée le lendemain, abandonnée sur une plage de Dieppe.

Nous sommes dans le quartier des Grandes-Carrières, non loin de la Goutte-d'Or qui doit son nom à la couleur du vin que ses vignes produisaient autrefois.

La rue Ordener est au cœur du Paris populaire, celui des classes laborieuses que la bourgeoisie a longtemps confondues avec les classes « dangereuses ». C'est la rue de la mairie et de la cité Montmartre aux Artistes qui abrite depuis les années 1930 des ateliers où se croisent peintres, photographes, designers et cinéastes.

Une rue immortalisée par la première grande association de malfaiteurs du XXe siècle dont la postérité ne retiendra que le nom de Jules Bonnot, oubliant ses comparses Callemin dit « Raymond la Science », Garnier, Soudy, Carouy, Monnier et Valet. La police offrait pourtant cent mille francs de prime pour chacune de leur tête.

Après son exécution à Choisy-le-Roi en avril 1912, cent mille curieux feront le pèlerinage. Depuis, la réputation des « bandits tragiques », ainsi que la presse de l'époque les appelait, a fait le tour du monde. La phrase que Bonnot écrivit dans son testament : « Je suis un homme célèbre. La renommée éclaire mon nom aux quatre coins du globe » a sans doute largement contribué à leur légende.

D'ailleurs, vous souvenez-vous de Bruno Cremer, de Jacques Brel et d'Annie Girardot au cinéma, dans les rôles de Bonnot, Raymond la Science et Marie la Belge ?

***

1900 : la Belle Époque bat son plein. L'année 1911 est vaguement agitée par deux affaires de vol : celui de la Joconde qu'un nationaliste italien a voulu rendre à son pays, et le record mondial du vol en altitude battu par l'aviateur Roland Garros qui parvient à élever son appareil jusqu'à 4960 mètres au-dessus du sol.

Personne ne soupçonne alors la grande boucherie européenne de 1914 qui couve. Le capitaine Dreyfus a été réintégré dans l'armée et Zola est entré au Panthéon. La IIIe République laïque a l'air d'être bien sage, à l'image de son président qui restera dans l'histoire sous le surnom du « bon père Fallières ».

Mais le paternalisme tranquille ne suffit pas à étouffer les passions anarchistes de l'époque.

Clyde Barrow sans sa Bonnie, Dillinger qui achèverait sa carrière à Choisy-le-Roi plutôt qu'à Chicago, Jacques Mesrine avant l'heure, Jules Bonnot, proche des milieux anarcho-syndicalistes, est l'un des pionniers du braquage motorisé.

Il est celui qui a mis le progrès automobile au service du crime. Pour qualifier son audace, la presse parlera de sa « criminelle témérité frisant l'inconscience ». Les bons outils faisant les bons artisans, Bonnot le révolté réalisera son premier coup d'éclat avec une limousine Belleville-Delaunay de 12 CV verte et noire, modèle 1910. Une splendeur.

*
**

Orphelin de mère à dix ans, apprenti à quatorze, élevé par son père ouvrier fondeur, désespéré par le suicide de son grand frère, le jeune Jules, né en octobre 1876 dans un petit village près de Montbéliard, a tout pour devenir un insurgé. Il se marie très jeune avec une couturière ; leur premier enfant, une fille, ne vivra que quelques jours. Après avoir été renvoyé des chemins de fer de Bellegarde à cause de son activisme syndical et politique, il s'exile en Suisse mais son engagement anarchiste n'est pas tout à fait compatible avec le charme discret de la bourgeoisie helvète. Retour en France.

Il réapparaît comme mécanicien chez Berliet à Saint-Étienne puis comme chauffeur de Conan Doyle à Londres, bien que la presse ne le mentionne jamais et qu'on ignore si Bonnot parlait suffisamment l'anglais pour faire le job.

Quant à sa carrière de braqueur motorisé, il la débute au volant d'une De Dion-Bouton à Lyon où, en 1911, avec un associé, il a ouvert un garage pour écouler des voitures volées. Sa femme, elle, s'est lassée de ce compagnon survolté et imprévisible : elle s'est enfuie, leur fils sous le bras, avec le secrétaire du syndicat de la firme dans laquelle Jules travaillait. Elle sait bien que l'anarchie est et restera son unique maîtresse.

*
**

Jusqu'à la date du 21 décembre 1911, personne, hormis ses riverains, ne connaît la rue Ordener. Pas plus d'ailleurs que l'homme qui lui donne son nom, un soldat de l'armée du Rhin et de la Moselle que Napoléon fit comte d'Empire.

Tout bascule à la veille de Noël. La Belle Époque prend brutalement des allures d'épopée sanglante.

Le Petit Journal, célèbre quotidien populaire d'avant-guerre, va pouvoir tenir ses lecteurs en haleine pendant toute l'équipée sauvage de la bande à Bonnot. Et ils en auront pour leur argent !

Il est 9 heures du matin quand, au 146, rue Ordener, Bonnot, Callemin et Garnier attaquent la Société générale. Bonnot reste au volant, prêt à démarrer. Il a la réputation d'être aussi bon tireur que conducteur. (Pour la petite histoire, il a dû éloigner les badauds qui commençaient à s'attrouper, admiratifs de la splendide limousine.) Garnier abat froidement le convoyeur de fonds, Callemin ramasse les sacoches : un peu plus de cinq mille francs et des milliers de titres qui se révéleront difficiles à écouler. Un butin plutôt décevant.

Les braqueurs décrochent à tombeau ouvert, moteur 12 CV oblige, laissant les témoins bouche bée. Dans sa chanson dédiée à la célèbre bande, Joe Dassin rappelle qu'ils fuyaient « à toute allure… à 35 à l'heure ». 35 à l'heure : il fallait au moins cela pour espérer laisser sur place les unités de police mobile des Brigades du Tigre que leurs De Dion-Bouton et autres Panhard & Levassor rendaient incomparablement plus efficaces que la police à cheval ou à bicyclette.

*
**

En avril 1912, le naufrage du *Titanic* poussé à 25 nœuds par ses 45 000 CV éclipsera un peu la gloire des bandits en auto. L'Europe est en plein développement industriel.

Dans l'Histoire, ce sont souvent les puissants qui impriment leur nom dans les mémoires, et comparé aux moteurs du luxueux paquebot celui de la Delaunay-Belleville des « Pieds nickelés » de la rue Ordener paraît très léger.

Les Pieds nickelés… Certains ont pu les surnommer ainsi, sans doute pour tenter de les ridiculiser ou d'amoindrir leur aura, mais Ribouldingue, Filochard et Croquignol, nés de l'imagination de Forton en 1908, sont bien plus inoffensifs que Bonnot et ses complices. Car tous ont beau être des militants de la Cause, des cœurs purs de l'Anarchie, ils tuent et sans états d'âme.

Le problème des utopies, hélas, ce sont les morts, les morts bien réels, eux, des notaires, des rentiers, des employés de banque, des policiers, jusqu'à un commissaire, qui jalonnent la course effrénée de la bande à Bonnot, de Lyon à Choisy-le-Roi en passant par Chantilly, Ivry-sur-Seine, Thiais, Montgeron, Pontoise. C'est une route jonchée de cadavres que celle de Jules Bonnot qui est devenu « l'homme le plus recherché de France ».

Et comme toutes les balades sauvages, la sienne finira mal.

*
**

Le 27 avril 1912, le préfet de police de Paris ordonne le siège du garage de Choisy-le-Roi où Bonnot s'est retranché, seul. Le garagiste anarchiste Dubois paiera de sa vie son hospitalité. Prévenue par les éditions spéciales des journaux, alléchée par l'odeur du sang, la foule est venue assister à la curée comme à un spectacle sur le boulevard parisien. On l'entend crier : « À mort ! À mort ! » Sous le feu des fusils Lebel des policiers, auxquels un régiment de zouaves est venu prêter main-forte avec une mitrailleuse lourde, Bonnot pose de temps à autre son Browning pour écrire son testament où il innocente ses complices. Il faudra de la dynamite pour le déloger. Grièvement blessé, il meurt en arrivant à l'Hôtel-Dieu de Paris.

La légende veut qu'il soit tombé en saint anarchiste, hurlant « Salauds ! » à ses assassins. Il avait trente-six ans.

Garnier et Valet, les deux « bébés » de la bande – vingt-deux et vingt et un ans – mais pas les moins déterminés, vendront cher leur peau en tenant tête pendant neuf heures à sept cents hommes en armes. Barricadés dans une maison de Nogent-Sur-Marne, dos au mur, les deux garçons se battront jusqu'à la dernière cartouche. Là encore, c'est la dynamite qui aura le dernier mot.

Quant à ceux qui n'ont pas été exécutés par la police, entre autres le célèbre Raymond la Science, ils seront guillotinés, se suicideront ou seront condamnés au bagne.

⁂

« La classe ouvrière ne peut respecter la légalité bourgeoise qu'à la condition d'ignorer le caractère trompeur de la démocratie », écrit le révolutionnaire anarchiste Victor Serge qui planqua Bonnot et ses complices après leur attaque de la Société générale.

Il écopera de huit ans de prison pour complicité après l'élimination des bandits tragiques.

Tragiques, certes, mais pour certains dignes d'admiration : en mai 1968, les étudiants qui occupaient la Sorbonne rebaptisèrent la salle Cavaillès en « salle Jules-Bonnot ».

L'Œil de Frédéric

Tous ces gens, je les vois comme des enfants de la Commune de Paris. Je ne suis pas historien, mais c'est ainsi que je les appréhende.

Le climat quasi insurrectionnel des années qui précèdent la Première Guerre mondiale me fascine. Je n'en avais pas du tout conscience avant de m'intéresser à ces histoires criminelles : Vaillant en 1893, Liabeuf en 1910, Bonnot en 1912. Plus j'y pense, plus je fais des rapprochements avec notre époque.

La bande à Bonnot, c'est comme le symptôme d'une période qui, sous ses airs de Belle Époque, ne tourne pas rond. Aujourd'hui, on se dit qu'avec tous nos problèmes sociaux, le chômage, ceux qu'on appelle les « travailleurs pauvres », la précarité généralisée, les inégalités sociales, le déclassement de la classe moyenne, les suicidés des entreprises, la ghettoïsation des cités, la société à plusieurs vitesses, il pourrait y avoir beaucoup plus de bandes à Bonnot. Ça pourrait exploser bien plus souvent et pas seulement dans les cités. Heureusement qu'on a inventé plein de nouveaux somnifères : la consommation, la presse à sensation, le zapping de l'information. N'oublions pas qu'alors, tout se passait dans les quartiers populaires de Paris, qui n'avaient pas encore été relégués dans les banlieues et les cités que nous connaissons aujourd'hui, même si c'était l'intention du baron Haussmann, avec sa modernisation hygiéniste de la ville qui était aussi une sorte de plan d'assainissement social.

Dans l'affaire de la bande à Bonnot, j'ai du mal à distinguer la crapulerie du militantisme, les deux aspects sont liés, je crois, rien n'est tout noir ou tout blanc. Une cause, un combat politique permettent de couvrir une entreprise crapuleuse et, de son côté, celle-ci peut servir à alimenter financièrement la prétendue juste cause. On voit très bien comment cela fonctionne dans le film qu'Olivier Assayas consacre au terroriste Carlos.

Une autre chose qui frappe avec Bonnot, c'est son charisme – on ne dit pas la bande à Callmin ou la bande à Garnier –, la conscience qu'il a de son destin, de sa fin forcément tragique. Il dit même qu'un jour il sera connu dans le monde entier. Et il l'est. Beaucoup, révolutionnaires ou pas, et de façon plus ou moins usurpée, se sont revendiqués de lui. Mais en ce qui concerne sa popularité, Bonnot s'est fait voler la vedette : le marketing de Che Guevara a été autrement plus puissant ! Quant aux policiers, ils souffrent toujours, un siècle après, du manque de moyens. Regardez toutes ces attaques à coups de grosses cylindrées !

19e ARRONDISSEMENT

JEAN-BAPTISTE

TROPPMANN

Jean-Baptiste Troppmann

L'homme qui mord la main du bourreau

Il est jeune, sauvage, énigmatique, populaire. La France a adoré le haïr, et les Parisiens se sont passionnés pour ses crimes.

Il semble avoir dévoré les fruits de l'arbre de Vie sans avoir jamais touché à ceux de l'arbre de la Connaissance qui apprend aux hommes à distinguer le Bien du Mal. Troppmann le bien nommé : « l'homme en trop » ? L'homme limite, l'homme frontière comme l'Alsace – son pays natal – est une région frontalière, l'homme qui dépasse l'humanité, la déborde, la trahit, la prend par surprise, la méprise peut-être. On ne sait pas trop s'il est au-dessous, au-dessus, en deçà du grand troupeau humain. Où se situe-t-il ? Incarne-t-il la figure du super-mâle agressif dont certains scientifiques ont pu expliquer la folie meurtrière par la présence dans son code génétique d'un chromosome Y en plus, c'est-à-dire en trop ?

Son crime est immense par le nombre des victimes qu'il comptabilise, et fascinant car ses mobiles restent troubles. Il hante à ce point la mémoire populaire que, longtemps après les faits, on a vu des Troppmann partout, en Bourgogne, en Normandie, à Berlin. Troppmann devient la référence de l'horreur, le comble de l'abjection, le générique du crime dont on se dit qu'il est impossible, après cela, d'en repousser les bornes.

Troppmann a pourtant un joli prénom, choisi par son papa ou sa maman dans un rêve, une illusion d'amour, Jean-Baptiste, comme l'homme devenu saint à qui l'on trancha la tête. Un avant-goût de ce qui attendait notre icône du crime.

À cause de lui, la ville de Pantin est devenue un lieu de pèlerinage et le lieu de naissance symbolique du mythe de la banlieue criminelle.

En 1850, Paris compte un million d'habitants contre seulement six cent cinquante mille cinquante ans plus tôt. Le baron Haussmann a élargi et modernisé la ville, qui attire vers son centre la bourgeoisie conquérante du second Empire, reléguant à ses marges les classes laborieuses dont l'imaginaire social et politique se méfie, comme si les pauvres étaient fatalement dangereux.

Jean-Baptiste Troppmann sera guillotiné à l'âge de vingt ans, devant une foule déchaînée. Qui, de l'assassin ou de la foule friande du spectacle de la mort et venant contempler le supplice comme une représentation de théâtre ou une revue de cabaret, est le plus monstrueux ? En évoquant ces milliers de curieux massés devant la prison de la Roquette, ce petit matin d'hiver, mélange de noceurs, de badauds, d'ivrognes, de vengeurs et de soldats, l'écrivain russe Ivan Tourgueniev, qui assista à l'exécution, y vit « la puissance brutale d'une force de la nature qui tantôt s'apaise comme si elle était couchée et ramassée et tantôt grandit, s'enfle et gronde comme si elle était prête à tout déchirer ».

*
**

La vie de celui qu'on appellera « le massacreur de Pantin » est l'histoire d'un jeune mécanicien né à Brunstatt dans le Haut-Rhin, en 1849, un cœur cupide et une tête froide qui rêvait d'Amérique et ne la vit jamais.

Homme de petite taille, un mètre soixante-deux selon la fiche signalétique des archives de la Police nationale, il a le front large, des lèvres lippues qui couvrent à peine des dents saillantes, une peau rose d'adolescent, des petits yeux noirs bien enfoncés dans leurs orbites. Cesare Lombroso, le célèbre criminologue de l'époque, l'inventeur du concept du criminel-né, qui s'applique à toute personne ayant le crime dans les gènes, le décrit ainsi : « La hauteur du front explique ses plans et ses calculs raffinés. La base de la physionomie révèle leur férocité. » L'alliance de l'intelligence et de la férocité, n'est-ce pas l'une des définitions récurrentes du monstre ?

Comme beaucoup d'adolescents, le jeune Jean-Baptiste rêve d'échapper à un destin écrit à l'avance par sa famille. Son père, Joseph Troppmann, patron de la société Troppmann & Kambly qu'il a créée, est un ingénieur alsacien qui conçoit et produit des machines à filer. Représenter les machines paternelles et les vendre dans les usines de l'Est, du Nord et de Paris, est-ce une programmation enviable ? « L'histoire, c'est la passion des fils qui cherchent à comprendre les pères », disait le réalisateur italien Pier Paolo Pasolini. Il y a de multiples façons de comprendre son père : mettre ses pas dans les siens, faire un pas de côté, prendre le large et disparaître… ou, pour certains, le faire disparaître.

En 1868, après avoir fait ses classes dans l'atelier familial, Jean-Baptiste monte à Paris pour vendre les machines et s'installe à Pantin, aux Quatre-Chemins, loin du ballon de Guebwiller de son Alsace natale, il rêve sans doute à d'autres horizons que ceux, monotones, de la plaine d'Aubervilliers. Il aurait déclaré un jour vouloir faire « quelque chose qui étonnera l'univers ».

En 1868, son premier contrat en poche, il poursuit sa route de parfait petit représentant commercial jusqu'à Roubaix. Là, il rencontre celui qui lui a passé commande pour équiper son atelier, un certain Jean Kinck, patron d'une filature prospère, originaire comme lui de Guebwiller. Nos deux cigognes deviennent amies et projettent bientôt de s'associer.

Comment et à partir de quand un jeune homme que tout destinait à une vie sans histoires laisse-t-il germer en lui la graine de l'assassin ? Sont-ce les lectures relatant des faits divers criminels dont il se repaissait qui façonnèrent son imagination ? D'où lui est venue cette passion pour la chimie et dans quel but a-t-il installé chez lui un petit laboratoire ?

Les réponses se trouvent dans la suite de l'histoire et le récit de ses crimes.

*
**

Nous sommes en août 1869. Les conditions de l'association de Kinck et de Troppmann ont été bien définies : le second devra apporter une mise de fonds qu'il dit pouvoir obtenir en persuadant son père, le vieux Troppmann, de leur céder ses brevets afin qu'ils puissent les exploiter à l'étranger. L'erreur de Kinck est probablement d'avoir voulu faire grossir un peu vite sa fortune sans regarder à deux fois à qui il confiait ses espérances. On peut imaginer que l'air bonhomme et le fort accent alsacien de Troppmann ont endormi sa méfiance d'entrepreneur…

En fait, Kinck veut se faire un peu d'argent supplémentaire avant d'aller se retirer dans son pays natal. Troppmann se propose d'ailleurs de lui dénicher une propriété en Alsace en vue de cette retraite. Et c'est lors d'un voyage là-bas que son « associé » passe à l'acte.

Dans le cadre de leur nouvelle association, Kinck devait apporter ce jour-là cinq mille cinq cents francs d'argent liquide. En attendant de vérifier la somme, Jean-Baptiste propose à son ami de faire un peu de

« tourisme ». Ils doivent aller visiter une fabrique de fausse monnaie planquée dans la montagne d'Uffholtz. Au cours de leur ascension, Troppmann fait boire à Kinck une décoction d'acide prussique (ou acide cyanhydrique) élaborée avec amour dans son petit labo. L'acide prussique, vous le trouvez partout dans la nature, dans les noyaux de pêche, les amandes, les nèfles, le laurier-cerise ou le sureau hièble ; mais mère nature étant moins criminelle que l'homme, le poison n'y existe qu'en dose infinitésimale, laissant le soin à l'homme de l'extraire et de le transformer chimiquement en poison mortel.

Kinck meurt après quelques minutes d'agonie. Dieu sait ce qu'il a pensé en voyant le visage impassible de son compagnon tandis qu'il se tordait de douleur… Troppmann récupère ses papiers d'identité et cache le cadavre dans la montagne. Puis il redescend, non sans apprécier la beauté des paysages en ce bel été finissant.

Là où il déchante, c'est quand il s'aperçoit que son « ami » n'a pas sur lui la somme d'argent qu'il devait apporter. Le butin est mince : deux cent douze francs, la carte d'identité de sa victime, une montre en or et deux chèques, en lieu et place des cinq mille cinq cents francs promis. Kinck avait sûrement jugé imprudent de voyager avec du liquide sur lui !

Qu'importe, c'est un simple contretemps : Troppmann écrit à l'épouse de la victime – prétendument sous la dictée du mari dont il explique qu'il s'est blessé à la main – et la prie de bien vouloir encaisser les deux chèques qu'il lui retourne et d'expédier la somme à la poste de Guebwiller. Confiante, l'épouse s'exécute : il ne faut pas déplaire à l'associé de son cher mari.

Mais le jeune scribe qui fait parler les morts n'a pas prévu que son âge l'empêcherait de retirer l'argent ! Et la carte d'identité de Kinck ne lui est d'aucune utilité : Troppmann a vingt ans, la différence d'âge est trop grande. Du coup, il renonce à solliciter à nouveau madame, pour ne pas attirer ses soupçons, et s'attaque au fils, Gustave, âgé de seize ans, en le priant d'aller à son tour chercher les espèces à la poste de Guebwiller puis de les lui apporter à Pantin. Gustave y retrouvera son père, censé, selon Troppmann et toujours dans le cadre de leurs projets communs, s'être installé provisoirement dans un pied-à-terre près de son cher Jean-Baptiste.

Le facteur sonnant toujours deux fois, faute de procuration, Gustave n'est pas autorisé à retirer l'argent escompté. Furieux, il prend le train pour Paris comme prévu. afin de rejoindre son père. Troppmann, dépité lui aussi, l'attend à la gare. Le pauvre enfant n'aura pas vu grand-chose des beautés de la capitale. Après avoir, à la demande de Troppmann, envoyé un télégramme demandant au reste de la famille de les rejoindre, son père et lui, à Pantin, Gustave tombe sous la lame de Jean-Baptiste. Un coup de couteau dans le cou, et le voilà enterré à la sauvette dans un champ près de la gare de Pantin.

L'engrenage est enclenché, il va conduire au massacre. « J'ai tué Kinck pour m'emparer de l'argent qu'il m'avait dit avoir chez son banquier. C'était une nécessité pour moi de tuer les autres membres de la famille afin de supprimer tous les témoins », expliquera Troppmann dans un premier temps, avant de se disculper en s'inventant des complices.

Madame Kinck et sa progéniture au complet (excepté le plus petit resté chez sa nourrice) arrivent donc de Roubaix à la gare du Nord. La mort est au rendez-vous car ce n'est pas Jean Kinck qui attend sur le quai, mais Jean-Baptiste, et le baptême qu'il leur réserve sera celui du couteau. Sous prétexte de leur faire retrouver leur mari et père tant attendu, l'imposteur fait grimper la couvée dans une voiture de louage qui part en pleine nuit pour Pantin.

L'endroit est désert, Troppmann peut poursuivre son programme macabre : Hortense, la mère, est méticuleusement poignardée d'une trentaine de coups de couteau. Puis, exhaustif et consciencieux dans l'horreur, Troppmann égorge les plus jeunes, étrangle les grands, achève ce petit monde à coups de pioche et enterre le tout. L'enquête démontrera que certains d'entre eux étaient encore vivants quand le fossoyeur a commencé son travail.

⁂

À cette époque, au milieu du XIXe siècle, la ville de Pantin est réputée pour son « bon air ». On est à deux pas de Paris, près de la porte de la Villette, mais il y a encore des champs, des chemins de promenade, des arbres fruitiers. Petits paysans et maraîchers vivent en bon voisinage avec les entrepôts et les premières usines qui fleurissent dans la plaine d'Aubervilliers.

La vie est douce à Pantin mais, le 20 septembre 1869, la luzerne dégorge de sang.

Dans une jachère fraîchement labourée, le cultivateur Jean Langlois tombe sur une main surgie de la terre. Ce laboureur du lieu-dit Chemin-Vert n'a pas vocation à en exhumer les corps. Alertée, la police accourt et fait une moisson abondante et inattendue. Dans le champ reposent une femme et cinq enfants : une fillette de deux ans, quatre garçons de huit, dix, treize et quinze ans. Marie, Alfred, Henri, Achille, Émile, Hortense, ils sont tous là, réunis dans le sang, futur engrais à luzerne au cas où on ne les aurait pas découverts. Mais la nature fait rarement le sale boulot à la place de l'homme.

Arthur Rimbaud a écrit *Le Dormeur du Val* l'année même où Troppmann fut exécuté. La famille Kinck n'eut pas un sommeil si paisible, « la nuque baignant dans le frais cresson bleu » et « les pieds dans les glaïeuls ». Un bout de terre plus loin, les agents de police mirent au jour couteaux et pioches.

Le massacre de Pantin a fait la fortune des patrons de presse, le bonheur des éditorialistes et la gloire des feuilletonistes du *Figaro*, du *Petit Journal*, du *Gaulois* ou de *L'Illustration*. L'affaire Troppmann fut l'un des exemples les plus brillants d'exploitation par la grande presse d'un fait divers criminel.

*
**

Après le massacre de Pantin, Troppmann cherche à fuir et à embarquer pour l'Amérique. Mais, au Havre, lors d'un contrôle de routine dans un débit de boissons, son comportement tendu et nerveux éveille l'attention. L'affaire a fait beaucoup de bruit et les gendarmes sont en alerte. On l'arrête, on le fouille et l'on trouve sur lui les papiers d'identité du jeune Gustave Kinck, sans compter certains objets dérobés à madame Kinck et aux enfants aînés. Le piège se referme sur l'imposteur cupide, cruel… et assez imprudent pour se promener avec tant de preuves accablantes.

À la morgue de Paris, confronté aux cadavres, il avoue ses crimes, révèle qu'il a assassiné le père qui sera exhumé dans les ruines du château fort d'Herrenfluch à Uffholtz, dans le Haut-Rhin. Dans la famille Kinck, le tueur a éliminé le père, puis le fils. Au tour d'après, il a assassiné la mère, la fille et les quatre derniers fils. Pourtant, en prison, il reviendra sur ses aveux et chargera de prétendus complices, lâchant ainsi les journalistes sur de nouvelles pistes dans leur quête des mobiles du crime. Gang de faux-monnayeurs ? Complot prussien ? Relation « antiphysique », comme on disait à l'époque pour évoquer une éventuelle relation homosexuelle entre Jean Kinck et lui ? Toutes tomberont les unes après les autres, en particulier le jour où un garçon boucher découvrira le corps de Gustave dont Troppmann disait qu'il était son complice.

Après un procès de cinq jours où les bonnes places se monnaient très cher, Jean-Baptiste Troppmann est condamné à mort.

« On sait que les condamnés à mort, après qu'on leur a lu le jugement, ou bien tombent dans une immobilité absolue, comme s'ils mouraient ou se décomposaient dans l'heure, ou bien font les bravaches, ou bien sont plongés dans le désespoir, pleurent, tremblent, demandent grâce. Troppmann n'appartenait à aucune de ses trois catégories », note Tourgueniev dans *L'Exécution de Troppmann*.

Par un concours de circonstances, l'écrivain russe s'est retrouvé avec Antoine Claude, le chef de la Sûreté, dans la cellule du condamné, une demi-heure avant que le couperet ne s'abatte. Il était là quand on annonça à l'assassin que son recours en grâce avait été rejeté et que « l'heure de la réparation pour lui était arrivée ». Il n'avait pas peur et semblait calme mais, à ce moment, cet homme de vingt ans en paraissait cinquante ! On lui ôta sa camisole et il enfila une chemise propre. Cette apparente sérénité stupéfia Tourgueniev et provoqua en lui une sorte de dégoût. Où était l'homme dans cet homme si placide, comme dénué de sentiments ?

On lui tailla les cheveux, on découpa le col de sa chemise pendant que le prêtre lui récitait les prières.

À 7 heures du matin, les portes de la prison de la Roquette s'ouvrirent devant une foule qui avait attendu toute la nuit dans le froid glacial du mois de janvier. Antoine Claude fut choqué par la présence de la « populace ». Où que l'on regardait, ça chantait et ça trinquait. Et jusque dans les salons du directeur de la prison ! Ces cris, ces hurlements joyeux, Troppmann ne les avait pas entendus : il dormait à poings fermés.

Porté par le mugissement des badauds, il marcha droit vers l'ombre géante de l'échafaud. Il gravit les dix marches et les aides du bourreau se jetèrent sur lui pour le faire basculer en avant. Là, brusquement, il se débattit. Avant que le couperet ne tombe sur son cou, il tourna la tête et mordit le bourreau à la main. Celui-ci s'exclama : « Sale grenouille. Ç'a été dur ! » Grenouille… Drôle d'insulte pour un homme qui relevait plus du fauve que du batracien.

L'encre et le sang ayant toujours fait bon ménage, le jour de l'exécution, *Le Petit Journal* tira à six cent mille exemplaires.

*
**

Sous le second Empire, il n'y avait plus qu'un bourreau par cour d'appel. Pendant la Révolution française, chaque département avait le sien. En décembre 1870, onze mois après la décapitation de l'Alsacien, un décret en réduisit encore le nombre : ils n'étaient plus que trois, un pour la France continentale, l'autre pour la Corse et le dernier pour l'Algérie.

« La révolte féroce des Troppmann, des Napoléon, des Papavoine, des Byron, des Victor Noir, des Charlotte Corday, sera contenue à distance de mon regard sévère. » Lautréamont a raison. La même démesure, la terrible *hybris* grecque, divinité fille de la Nuit et de l'Érèbe qui pousse l'homme à sortir de ses gonds, à outrepasser ses limites, peut animer un empereur, un ogre, un poète romantique et une jeune vengeresse de la petite noblesse.

L'ŒIL DE FRÉDÉRIC

Dans le genre « meurtres de masse » – *mass murder*, comme disent les Anglo-Saxons –, voici un chef-d'œuvre ! Toute une famille alsacienne qui disparaît dans un champ de Pantin. Eh oui, on a oublié qu'en 1870, il y avait des champs à Pantin !

L'histoire commence comme un film de zombies : imaginez ce paysan qui découvre dans son champ une main qui sort de terre ! La police creuse un peu et découvre les enfants, les ados, la maman, les couteaux et les pioches. Tout de même, les deux aînés sont âgés de treize et seize ans, et c'est à peine croyable, tout ce petit monde éliminé aussi facilement par un homme qui n'a que vingt ans ! Surtout que l'assassin n'utilise pas un fusil d'assaut, comme on peut le voir dans les grandes tueries des écoles américaines…

Troppmann, c'est vraiment l'anti-Petiot : le docteur programme son entreprise de mort dans la durée, lui tue tout le monde d'un coup. A-t-il agi seul ? Le fait-il par pulsion meurtrière ? Dans un accès de folie ? Pour couvrir son imposture avant d'être démasqué, un peu à la manière de Jean-Claude Romand qui a préféré tuer tous ses proches plutôt que de se confronter à leurs regards ? Parce qu'il est mandaté pour le faire ou bien parce qu'il est le jouet d'intérêts industriels ou diplomatiques ?

Ce qui est frappant, outre le côté fête foraine, kermesse de la mort, avec tous ces curieux qui font le pèlerinage de Paris à Pantin pour voir le lieu du massacre, c'est à quel point l'opinion en profite pour criminaliser la banlieue naissante, après les grands travaux de modernisation du centre de Paris par le baron Haussmann. Pauvre banlieue, à peine née, elle est déjà diabolisée, on la fantasme comme un endroit où l'homme est rendu à sa nature sauvage. Quant au criminel, on vend sa photo, assis sur sa chaise, le regard fixe, à des milliers d'exemplaires.

Moins on comprend, plus on parle, c'est bien connu. Et plus on parle, plus on dit n'importe quoi. Avec le mystère Troppmann, les feuilletonistes font fortune, les journaux populaires aussi. On comprend que, longtemps après sa mort, on voit des Troppmann partout, en Bourgogne, en Normandie. Bref, la France a peur, comme disait Roger Gicquel.

20e ARRONDISSEMENT

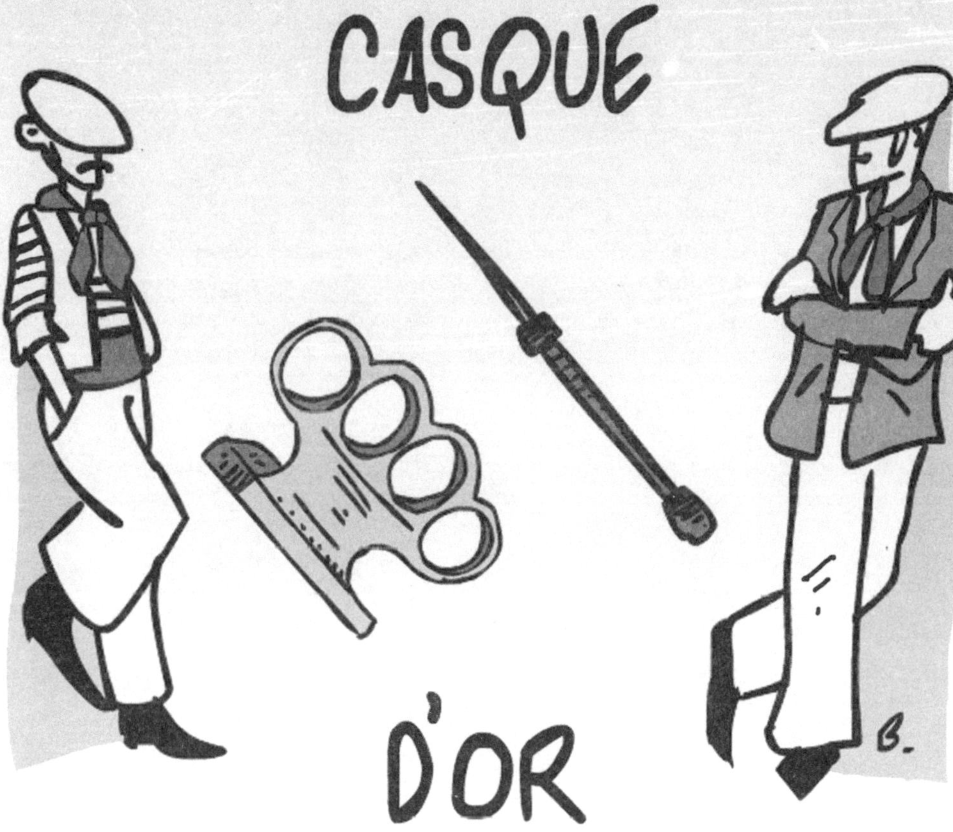

Casque d'or

Règlements de comptes chez les Apaches

Allons enfants de la Courtille,
Le jour de boire est arrivé,
C'est pour nous que le boudin grille,
C'est pour nous qu'on l'a conservé (bis)
Ne vois-tu pas dans la cuisine
Rôtir des dindons et gigots ?
Ma foi, nous serions bien nigauds
Si nous leur faisions triste mine.
À table, citoyens !
Videz tous les flacons !
Buvez, mangez, qu'un vin bien pur
Humecte vos poumons !

La *Marseillaise de la Courtille*, écrite, elle aussi, pendant la Révolution française, était moins revancharde que celle de Rouget de Lisle : elle rendait hommage à la cuisine française et au quartier de la Courtille, lieu de fêtes et de plaisirs qui se situait sur les hauteurs de Belleville.

On buvait ferme dans les guinguettes à cette époque, et particulièrement pendant le carnaval de Paris, de l'autre côté du mur des Fermiers généraux, sur les barrières festives de Picpus, de Ménilmontant, de Belleville, de Charenton, de Charonne ou d'autres encore aux noms plus évocateurs : barrières de l'Oursine, des Vertus, de la Chopinette ou de la Boyauterie.

Un tableau datant de la Restauration décrit très bien le quartier de la Courtille, le théâtre de notre histoire : « Là il n'est question ni des Grecs, ni des Jésuites, ni de la Sainte Alliance ni de la République d'Haïti, il n'est question que de bien boire, manger et danser, ouvriers, bourgeois, militaires, hommes décorés, femmes en bonnet ou en chapeau, tout est confondu dans les guinguettes autour du vin, du bon veau, de la gibelotte de lapin, de l'oie en daube ou rôtie. »

Dans une lettre à Juliette Drouet écrite après le mardi gras de l'année 1833, Victor Hugo évoque lui aussi la fameuse « descente de la Courtille », un des trois grands cortèges du carnaval de Paris avec « ces masques déguenillés, souillés de boue, ivres, eux de vin, et moi d'amour ».

Il est un temps pour danser et pour faire la fête, un autre pour haïr et se venger. Témoin l'histoire de ces deux garçons qui eurent le malheur d'aimer, plus que de raison, une jeune fille aux cheveux blonds. Une romance à la *Jules et Jim* version criminelle.

*
**

Hélène de la Courtille a un nom plein de promesses, mais elle n'est pas une aristocrate, juste une femme du quartier de Belleville, une mère maquerelle lesbienne prête à accueillir les filles perdues, jolies et peu farouches qui travailleraient pour elle.

Celle qui croise son chemin est encore une enfant, une jeune Orléanaise de quinze ans. Elle s'appelle Amélie Hélie, est née en 1878, et vient de quitter son fiancé serrurier, à peine plus âgé qu'elle, avec qui elle s'était enfuie de chez ses parents. Furieux, le père ferblantier a envoyé les gendarmes arrêter les bébés tourtereaux. La fugueuse s'est retrouvée quelques mois en maison de correction mais désormais elle est libre. Et sa rencontre avec son initiatrice en amour va décider de la suite de son existence.

Les deux femmes deviennent amantes. Hélène l'initie, elle lui donne du plaisir, elle l'aime vraiment, mais c'est du côté des garçons que lorgne Amélie, la plus belle guincheuse de Belleville. C'est eux qu'elle veut affoler. Contre monnaies sonnantes et petites faveurs. Elle a beau n'avoir que quinze ans, elle sait y faire, il suffit de la voir se déhancher sur le trottoir et remonter son chignon blond « à la chien » d'un tour de main. Son surnom, ce sont ses admirateurs qui le lui ont trouvé : « Casque d'or ».

*
**

C'est dans le bistrot La Pomme au lard que la belle Amélie rencontre Bouchon, un gars de Charonne, proxénète de son état, qui lui propose de la « soutenir ».

Qu'à cela ne tienne, Casque d'or commençait à se fatiguer des crises de jalousie de sa maquerelle et Bouchon a un si beau sourire ! En moins de temps qu'il ne faut pour boire un coup de blanc, elle passe de l'une à l'autre. Elle a déniché son julot qui l'emmènera le dimanche danser dans les guinguettes, même si elle sait que c'est son travail qui paiera les consommations.

Mais Bouchon, la grande canaille, a arraché son masque et la maintient sur le trottoir plus qu'elle ne le voudrait. Monsieur est gourmand, il veut de l'argent, beaucoup d'argent, et quand Amélie n'a pas fait son compte de clients, les claques pleuvent plus dru que la pluie sur le trottoir parisien. Indépendante et décidée, elle lui fausse compagnie. Il la traque dans Paris durant plusieurs jours, parvient à la localiser, mais il attend son heure pour la récupérer.

Avec la liberté, Amélie a retrouvé sa gouaille et, un beau jour de 1902, dans une guinguette de Joinville, elle tombe en arrêt sur Joseph Pleigneur dit « Manda », un ouvrier polisseur, dont Jacques Becker dans son film *Casque d'or* fait un charpentier, prénom oblige, poussant même la sanctification des personnages jusqu'à rebaptiser Amélie « Marie ». Ce ne sont pourtant pas des anges.

La Marne est belle, l'absinthe bonne, la danse décisive. Et Manda a une façon de plonger ses yeux dans ceux de la jeune fille qui lui font perdre la tête. Son cœur s'emballe, ses yeux s'allument, la belle est amoureuse. Désormais, c'est Manda qui la protégera. Sauf que Bouchon est réapparu, mais plutôt que de s'en prendre à Manda qui, même s'il n'a que vingt-deux ans, est le chef de la bande des Orteaux, il préfère « céder » Amélie à un second couteau nommé Ballet. On imagine le troc : « J'te la r'file, on fait 50-50, tu t'arranges avec Manda… » Manda, lui, coupe court à toute négociation : il poignarde Ballet dans le dos et file avec sa belle.

*
**

En passant des bras de Bouchon à ceux de Manda, Casque d'or a changé de trottoir mais pas de vie. S'il suffisait de sauter du boulevard de Charonne à la rue des Orteaux pour changer de statut, ça se saurait, jeune fille !

La première absinthe avalée, Joseph Pleigneur retrouve ses oripeaux. Sous le masque du beau Manda, Amélie découvre le rictus du petit chef de bande qui trafique, monte des coups plus ou moins crapuleux, un patron tyrannique qui fait bosser des filles et qui, à l'occasion, emballe l'une ou l'autre. Là encore, rien à voir avec Serge Reggiani, jeune premier du film de Becker, amoureux idéaliste et ombrageux, prince charmant de la classe ouvrière, qui reste fidèle à sa belle, de leur première danse au bord de la Marne jusqu'à la guillotine.

Les affaires douteuses de Manda l'appelant souvent loin de Paris, Amélie s'ennuie. Par lassitude, provocation ou jalousie, elle se tourne vers un autre protecteur, François Dominique, dit « Leca », un Corse de vingt-sept ans qui commande la bande des « Popincs ».

Aussitôt, lames et revolvers jaillissent, la guerre est déclarée. Trahi, sali, humilié par son ancienne protégée qui change de maître comme de trottoir, Manda décide de sauver son orgueil et sa réputation. On n'abandonne pas le chef de la Courtille d'un coup de hanche.

*
**

L'histoire de Casque d'or et de Manda n'est qu'un fait divers du XXe arrondissement, à l'orée du XXe siècle, qui fleure bon la passion, la rivalité et la dispute de quartier. Mais il suffit que la fiction ou l'histoire s'en emparent pour que le fait divers prenne du galon et soit promu fait de société.

Et dès que les Apaches s'agitent, l'odeur du soufre se mêle à celle de l'amour. Car Bouchon, Manda et Leca sont des Apaches, ces petits délinquants des faubourgs qui inspirent aux bourgeois parisiens la même frayeur que les Peaux-Rouges aux commerçants de Virginie ou du Connecticut en route pour le Grand-Ouest.

Avec ces racailles promptes à sortir le couteau, la dispute de quartier prend tout de suite des allures de guerre des gangs, les protagonistes deviennent des héros de Corneille, Horaces contre Curiaces, cette provinciale d'Amélie, courtisane de proximité, se mue en belle Hélène, objet d'une lutte à mort entre Grecs et Troyens, héroïne d'une *Iliade* qui se jouerait entre Belleville et Ménilmontant.

Sharks contre Jets, Montaigus contre Capulets, peu importent les lieux, les feuilletonistes de toutes les époques veillent, qu'ils s'appellent Robert Wise ou Shakespeare. La presse populaire parisienne biche, *Le Gaulois, Le Petit Journal, Le Fait Divers,* toujours avides de sang frais et de cœurs brisés, tiennent leur Esmeralda blonde. Quand la guerre apache s'étiolera, déclassée par une vraie guerre mondiale, c'est dans un de ces journaux, *Le Fait Divers,* que Casque d'or publiera ses souvenirs, racontant de bonnes feuilles en bonnes feuilles les surprises du crime, de l'amour et du hasard.

⁂

En attendant, on s'étripe dans les rues de Belleville et une femme en est la cause. Les Popincourt contre les Orteaux, Amélie ne déteste pas que tous ces hommes se battent pour elle. Une nuit de janvier 1902, c'est l'affrontement : bande contre bande, chef contre chef, honneur contre orgueil, ceux de Manda contre ceux de Leca. Sur le terrain, les Orteaux l'emportent mais le chef de la bande rivale parvient à s'enfuir.

« Les lèvres de l'étrangère distillent le miel et son palais est plus doux que l'huile mais, à la fin, elle est amère comme l'absinthe et aiguë comme un glaive à deux tranchants. » Même s'il ne connaissait sans doute pas ce proverbe de Salomon, le Corse Leca dut se le formuler à sa manière, car à partir du moment où Casque d'or entra dans sa vie, tout bascula.

⁂

Amoureux et possessif, œil brillant, bacchantes fières et lustrées, pantalon serré, hanches corsetées, gilet, foulard et casquette, Manda porte beau et n'a plus qu'une obsession : montrer au Corse à qui appartient Casque d'or. Et la récupérer.

C'est ainsi qu'il tente à plusieurs reprises d'envoyer Leca au grand cimetière marin de Bonifacio où, seul, face à la mer, il n'empiéterait plus sur son bout de trottoir parisien. En vain. À chaque fois, le Corse en réchappe. Un saint ou un ancêtre le protègent. Il doit être béni par les dieux du 22, son long couteau de chasse. En l'espace d'une semaine, Leca reçoit un coup de couteau, puis deux balles de revolver dans le bras et la jambe. Mais quand les policiers l'interrogent sur son lit d'hôpital, il ne dit rien. Un Apache corse, ça tient sa langue. Plutôt mourir que balancer.

Manda ne lui laisse plus le temps de respirer : à sa sortie de l'hôpital Tenon, entre la rue Pelleport et l'avenue Gambetta, Leca est à nouveau agressé au couteau. Trois coups, cette fois. Une lame vengeresse du clan Manda croit lui porter l'estocade. Il n'en est rien. En revanche, retour immédiat à l'hôpital. Et cette fois, la famille de Leca dénonce le criminel.

Le Corse est un dur à cuire et Manda sait que la vengeance n'est pas un plat instantané. Pour l'heure, il doit fuir la police qui le recherche. Exilé un temps à Londres, il revient au pays et est arrêté par la police dans la région parisienne, à Alfortville, sans avoir eu le temps d'assouvir sa vengeance.

*
**

En mai 1902, Joseph Pleigneur dit « Manda » est jugé par la cour d'assises de la Seine et condamné au bagne à perpétuité. Destination l'île du Diable, une des trois îles dites « du Salut » au large de Kourou. Quelques mois plus tard, il aura la surprise d'y croiser Leca, son éternel rival, qui a écopé de huit ans de travaux forcés pour avoir été à l'origine d'une nouvelle fusillade… contre la bande des Orteaux.

Adieu les petits bistrots, La Pomme au lard ou L'Ange Gabriel, adieu le Bal des Vaches, adieu guinguettes et goguettes. Voici venir les heures de plomb, la chaleur torride, les moustiques, les fourmis, les amibes, les fièvres, les coliques. Le « silence de tombe, à peine interrompu par le bruit répétitif et lancinant du choc des vagues qui déferlent sur les rochers ». Sans compter ces milliers d'araignées-crabes grosses comme une main d'homme et à la morsure venimeuse, dont le capitaine Dreyfus, qui séjourna à l'île du Diable de 1895 à 1899, raconte dans son journal de bagne comment elles s'infiltraient dans sa case.

Et pas une goutte d'absinthe pour repenser à la rue des Orteaux, pour sentir la fraîcheur des rues de l'Orme, des Amandiers ou des Lilas, pas de « fée verte » pour rêver aux caresses de l'amour. Et à une belle chevelure blonde.

*
**

Aucun des deux rivaux ne reviendra du bagne de Guyane. Casque d'or, elle, refait sa vie, raconte son histoire dans les cabarets, cultive sa légende de reine des Apaches. Sa cote de popularité est à son comble l'année où, à la sortie du cirque où elle officie comme assistante du dompteur, un fidèle de Manda tente de la poignarder pour assouvir enfin la vengeance de la bande des Orteaux et laver l'honneur du chef. La jeune femme esquive le fauve et s'en sort.

Plus tard, elle défendra les vertus de la prostitution qui fait rêver les hommes et soulage les épouses. Puis, doucement, sa voix se diluera dans la nuit et les jours. Le 27 janvier 1917, elle troque son nom de légende en se mariant à un cordonnier. Casque d'or est morte, laissant la place à madame Nardin, mère au foyer, épouse fidèle, vendeuse d'étoffes et de lingerie sur les marchés des Lilas et de Montreuil. Jusqu'à sa vraie mort, en 1933, à l'âge de cinquante-cinq ans. Ainsi finissent souvent, comme Natacha Rostov dans *Guerre et Paix*, les beautés sauvages, joyeuses et libres.

La vie d'Amélie Hélie dite Casque d'or est un roman. Une plaque commémorative posée à son nom dans un jardin du XXe arrondissement, entre la rue de Buzenval et la rue de la Réunion, décerne à l'héroïne le titre de « jeune femme romanesque ». Romanesque, certes, mais surtout picaresque, se situant quelque part entre *Manon Lescaut* et les *Mémoires de Barry Lyndon*. Une vie comme un volcan, une de ces blessures qui ne cicatrisent pas.

L'ŒIL DE FRÉDÉRIC

Cette jeune Amélie, c'est vraiment la Jeanne d'Arc de Belleville. Moins pucelle que la bonne Jeanne, bien sûr, puisqu'elle est initiée très tôt à la prostitution, mais elle est aussi fille d'Orléans et, comme Jeanne, elle a un caractère, une détermination, une maturité hors du commun.

Voilà une fille qui, très jeune, décide de son existence, une femme qui se construit seule, à l'école de la rue et de la vie. Un peu comme la Môme Piaf qui est née rue de la Chine dans le XXe arrondissement, elle a la même énergie, le même instinct vital, la même dignité. Jeanne d'Arc, Piaf, Casque d'or, trois destins de femmes marquées par la misère, leur appartenance au peuple, la volonté farouche d'être libre, de ne jamais subir.

Elle est très en avance sur son temps, Amélie, elle pense que la prostitution est un métier d'utilité publique, elle défend ses intérêts et ceux des autres femmes, elle impose sa loi au milieu des Apaches qui, me semble-t-il, était assez misogyne, tendance macho même, des gars du Paris populeux qui jouaient du couteau, avaient leurs bandes, leurs codes, leurs fringues, leur honneur. Ils devaient tous se prendre pour Cartouche, le grand bandit populaire et généreux roué et exécuté place de Grève en 1721. Ces Apaches me font penser aux premiers films de Pasolini sur les faubourgs de Rome, comme *Accattone*. Un monde violent mais solidaire, marginal mais avec une vraie culture, loin de la vision bucolique, nostalgique et un peu désuète qu'en donne Jacques Becker dans son film avec Simone Signoret et Serge Reggiani.

Dans ce film, tout semble toujours rose, et dans les yeux humides de la belle Simone, on ne sent pas la dureté de la vie, ni la force de la culture apache de l'époque.

Ce Paris populeux, en tout cas ce qu'il en restait dans le milieux des années 1970, je l'ai un peu connu, tout môme – j'habitais alors boulevard de l'Hôpital, à la frontière entre le Ve et le XIIIe arrondissement, un des derniers lieux où l'on a enlevé les pavés. J'accompagnais ma grand-mère qui faisait son tiercé dans les petits bars PMU du XIIe et du XIIIe arrondissement. Ça rigolait, ça criait, tout le monde se côtoyait. C'était tout ce qui faisait la culture populaire de l'époque. Et l'après-midi, on passait côté chic, vers les Gobelins, pour aller voir un Bébel ou un de Funès au cinéma.

Ce mélange des cultures, on l'a perdu aujourd'hui. Le monde populaire, on l'a, petit à petit, déclassé, marginalisé, repoussé de plus en plus loin, des faubourgs à la banlieue, puis de l'autre côté du périphérique, comme si l'on voulait oublier qu'il constitue une grande partie de notre histoire et de notre richesse.

– REMERCIEMENTS –

Merci à Laurent Bergers, aux grenouilles de Froggies Media : Tim Newman, Yamina Kechkech, Julia Otto, Marion Berthonneau, Lucile Carricaburu, et à toute l'équipe de 13e Rue.

TABLE DES MATIÈRES

À l'initiative de

FROGGIES MEDIA

et

avec le soutien de

13EME RUE

UNIVERSAL

Composition PCA
44400 – Rezé

IMPRIM'VERT® PEFC 10-31-1510

Imprimé en France
par Corlet Imprimeur
14110 Condé-sur-Noireau
Dépôt légal : mai 2013
N° d'impression : 154101
ISBN : 978-2-7499-1920-1
LAF 1736